A festő és a múzeum
Nemes Lampérth József (1891–1924)
emlékkiállítás

The Painter and the Museum
Memorial Exhibition
of József Nemes Lampérth (1891–1924)

Nemes-Lampérth József

A festő és a múzeum
Nemes Lampérth József (1891–1924)
emlékkiállítás

The Painter and the Museum
Memorial Exhibition
of József Nemes Lampérth (1891–1924)

Szépművészeti Múzeum – Magyar Nemzeti Galéria, Budapest, 2024
Museum of Fine Arts – Hungarian National Gallery, Budapest, 2024

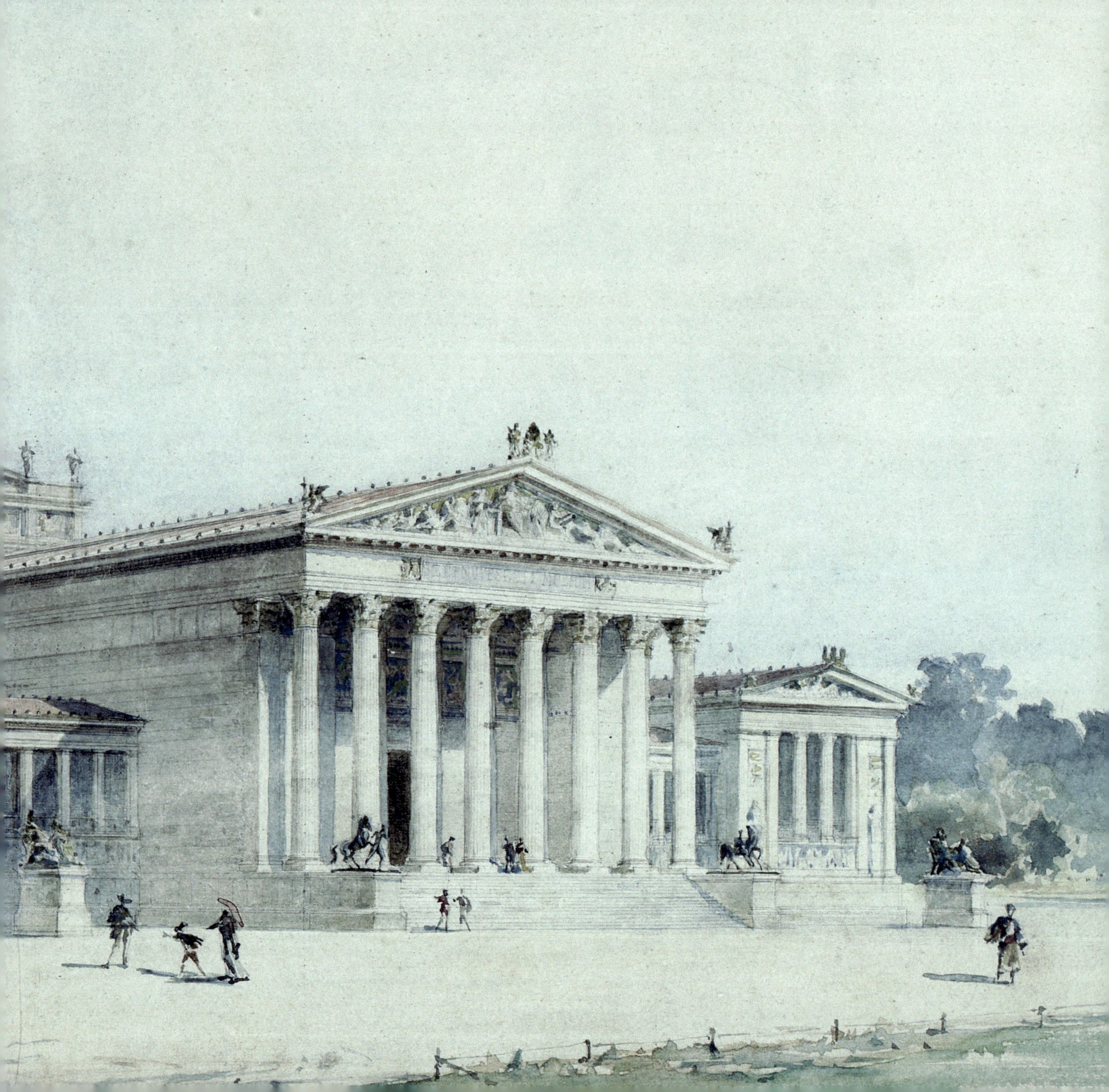

Tartalom | Contents

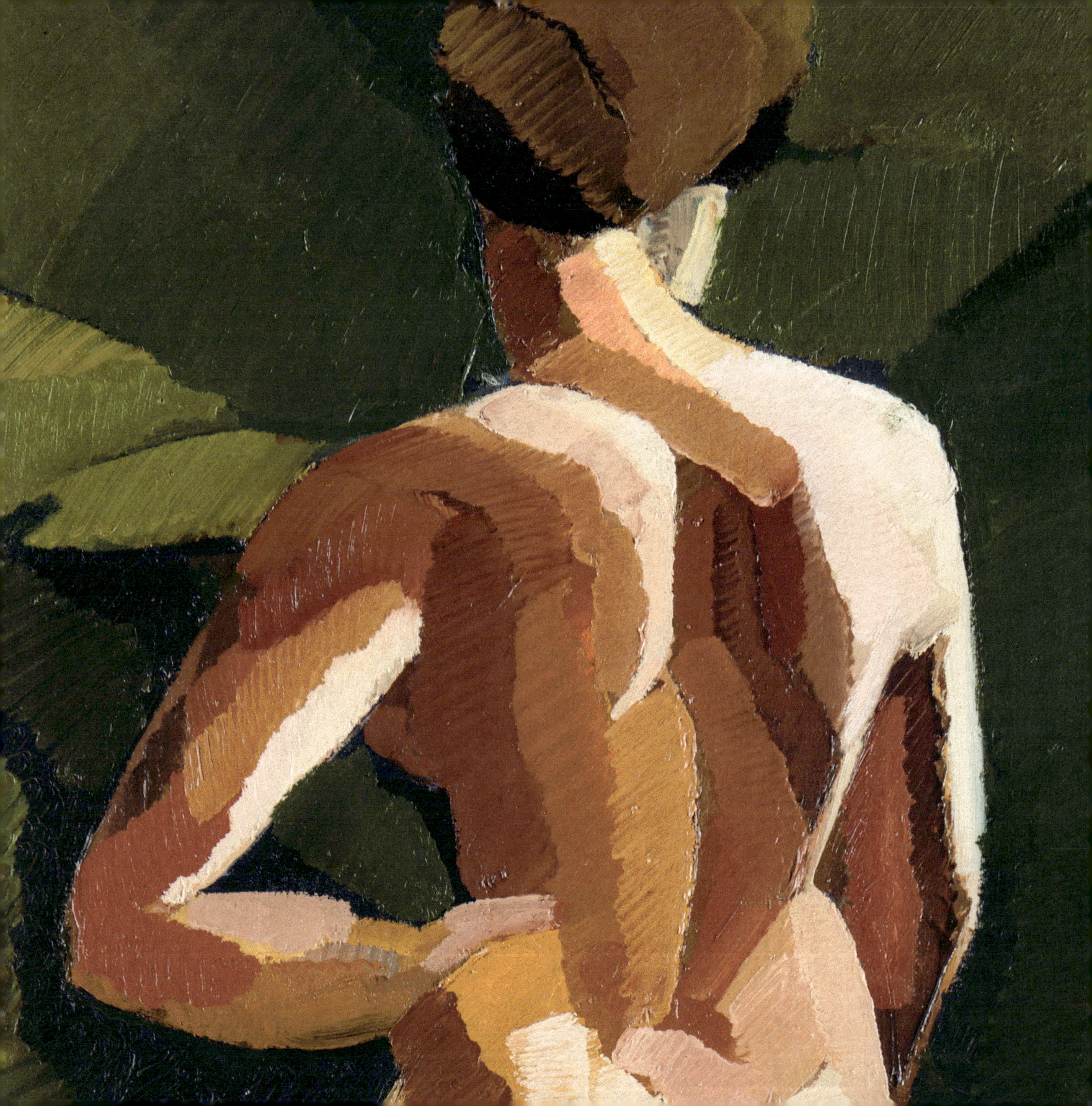

Előszó

Nemes Lampérth József (1891–1924) a 20. század elején kibontakozó avantgárd művészeti mozgalmak egyik jelentős képviselője. Művészetének nagyságát és távolra mutató hatását bizonyítja, hogy napjainkban nem nyílhat meg a modern magyar művészetet bemutató átfogó kiállítás anélkül, hogy valamelyik alkotása ne szerepeljen a tárlaton. Bár tragikusan fiatalon, mindössze harminchárom évesen távozott az élők sorából, így életműve is sajnálatosan szűkre szabott, jelentősége és kortársaira, illetve a későbbi magyar művészetre kifejtett hatása vitathatatlan.

Tragédiákkal tarkított, küzdelmes életet tudhatott magáénak. Fáradságos munkával elért művészi sikereit a történelem alakulása és személyes pszichés problémái miatt többször kellett szinte a semmiből újraépítenie. Az életében folyamatosan jelen lévő hullámvölgyek ellenére – alkotóvágya mindennél erősebb lévén – nem adta fel a küzdelmet. Utolsó erejéig harcolt betegsége ellen, belülről fakadó izzó lendülettel formálva tájképeit és aktjait.

Művészetének jelentőségét és újszerűségét már életében elismerték, mégis elfeledve, csupán néhány barátja által támogatva halt meg 1924. május 19-én a sátoraljaújhelyi közkórház elmeosztályán. A korabeli újságok nem emlékeztek meg távozásáról, egyedül barátja, Pátzay Pál szobrász írt egy hosszabb megemlékező cikket munkásságáról, amelyben művészi kvalitásait méltatta. *A festő és a múzeum* című kamaratárlatunkkal Nemes Lampérth halálának 100. évfordulóján egy kiemelkedő tehetség előtt tisztelgünk, a Szépművészeti Múzeummal és az itt dolgozó kollégákkal kialakult baráti kapcsolatán keresztül emlékezve meg életéről és művészetéről.

Baán László főigazgató
Szépművészeti Múzeum – Magyar Nemzeti Galéria, Budapest

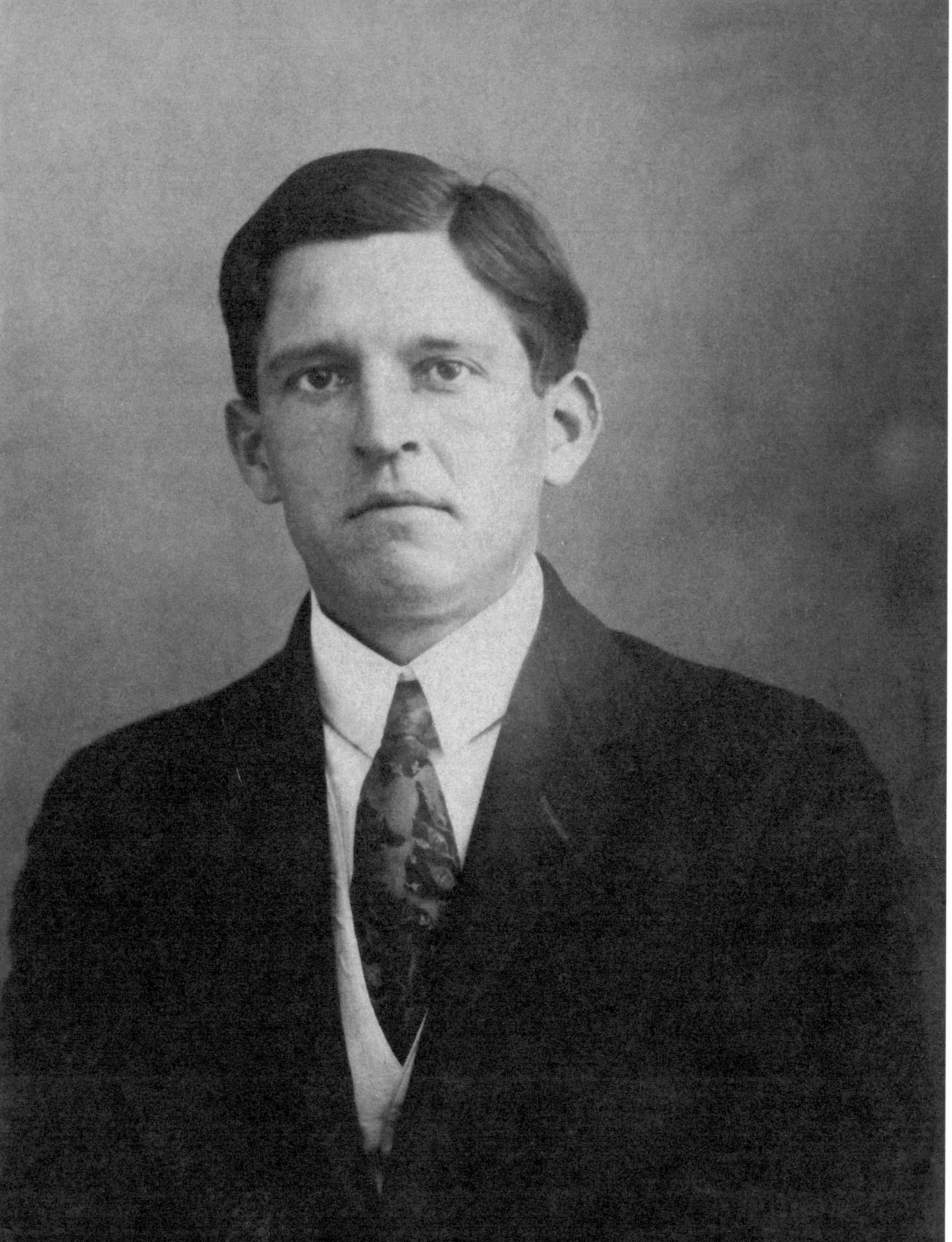

A festő és a múzeum
Nemes Lampérth József (1891–1924) és a Szépművészeti Múzeum

Rödönyi Rita

Nemes Lampérth József [1. kép] életét és művészetét sok szempontból feldolgozták az elmúlt évtizedek során. Kutatták helyét az európai művészeti tendenciák vonatkozásában, meghatározták a magyar avantgárd mozgalmakban betöltött szerepét. Elemezték pszichológiai kórképének, lelki beállítódásának lenyomatát művein. Vizsgálták, hogy mely művészek hatása fedezhető fel vásznain, és az ő stílusa kikre volt befolyással. Idáig azonban még egyetlen kutatás sem helyezte középpontjába azt a közeget, amely pályája indulásakor – éppúgy, mint utolsó éveiben – hátvédet jelentett számára: a Szépművészeti Múzeumot és az ott dolgozó szakembereket.

A művész halálának 100. évfordulója alkalmából rendezett kamaratárlat Nemes Lampérth József és az őt támogató Szépművészeti Múzeum közötti kapcsolatra fókuszál. A múzeumban dolgozó művészettörténészek közül néhánnyal – Wilde Jánossal, Hoffmann Edithtel és Pogány Kálmánnal – rendkívül szoros baráti kapcsolata alakult ki, amely még a festő elmegyógyintézetbe kerülése után sem szakadt meg.

1. Nemes Lampérth József, 1912 körül | József Nemes Lampérth, ca. 1912

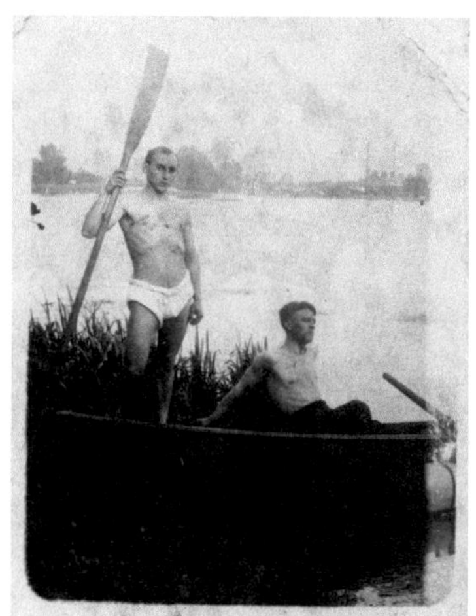

2. Nemes Lampérth József (jobbra) és Ferenczy Béni, 1910 körül | József Nemes Lampérth (right) and Béni Ferenczy, ca. 1910

1 Lampérth József néven anyakönyvezték, és csak 1911 őszétől kezdte használni a Nemes előnevet, büszkén vállalva felmenői nemesi származását.

2 Ma Képző- és Iparművészeti Szakgimnázium és Kollégium.

3 Jogutódja a Moholy-Nagy Művészeti Egyetem.

4 A nagybányai jubiláris képkiállítás illusztrált katalógusa. Összeállította Börtsök Samu és Réti István. Nagybánya, 1912. 87–88. Réti 1954.

5 Ma Képzőművészeti Egyetem.

6 Mivel nem rendelkezett az előírt középiskolai végzettséggel, magának Zemplényinek kellett felvennie az osztályába a felvételi vizsgát követően.

7 Kmetty János kézzel írt önéletírása, MTA – HUN-REN Bölcsészettudományi Kutatóközpont Művészettörténeti Intézet, Adattár (MTA – HUN-REN BTK MI, Adattár), MKCS-C-I-66/29-19. Kmetty 1976.

Korai évek (1891–1913)

Nemes Lampérth József 1891. szeptember 13-án született[1] egy négygyermekes református iparoscsalád második gyermekeként. [22. kép] Idősebb öccse visszaemlékezése szerint kisfiúként zárkózott, csendes, visszahúzódó volt, kerülte a játékot a többiekkel. Kiváló rajzkészségére már általános iskolai tanára felfigyelt, apja azonban más pályára szánta. Édesanyja közbenjárásának és saját makacsságának köszönhetően végül mégis elindulhatott a művésszé válás útján. Hivatalos képzése rövid ideig tartott. 1907 és 1911 között a Székesfővárosi Iparrajziskolában[2] folytatott tanulmányokat Lakatos Artúr, majd Vesztróczy Manó osztályában. Ezzel párhuzamosan az Országos Magyar Királyi Iparművészeti Iskolát[3] is látogatta. 1911-ben a nagybányai művésztelepen töltötte a nyári hónapokat, ahol az iskola keretei között festett, Thorma János vezetése alatt.[4] Az iskolán kívül dolgozott ekkoriban többek között Galimberti Sándor, Dénes Valéria, Schönberger Armand, Ferenczy Béni. [2. kép] A nyár elmúltával Nemes Lampérth jelentkezett a Képzőművészeti Főiskolára,[5] ahol az 1911–1912-es tanévben rendkívüli művésznövendékként Zemplényi Tivadar osztályába került.[6] [23. kép] Emellett az Epreskert szabadiskolájának esti rajztanfolyamaira is eljárt, ahol összebarátkozott Kmetty Jánossal,[7] és újra találkozott régi barátjával, Uitz Bélával. Nemes Lampérth ekkor – fiatal kora ellenére – már olyan kiforrott, egyedi rajzstílussal rendelkezett, amely éles ellentétben állt tanára művészi szellemiségével. Megalkuvást nem tűrő személyisége mellett ez a stiláris különbség is közrejátszhatott abban, hogy a következő évben Zemplényi már nem vette fel osztályába, lezárva ezzel hivatalos művészeti tanulmányainak időszakát.

1912 októberében rövid utazást tett a Felvidéken, ahol lendületes vonalvezetésű grafikákon örökítette meg a városok utcáit és jellegzetes faházait. Hazatértét követően családi tragédia érte, tüdőgyulladásban meghalt édesapja. A szomorú esemény kapcsán született *A ravatal* (6. kat. sz.) című festménye, amelyen a gyertyák fénye által megvilágított halott apját helyezte a kompozíció középpontjába.

Ehhez a korai időszakhoz kapcsolódnak első nyilvános szereplései is. Legelső festményét tizenkilenc éves korában, az Iparrajziskola tanulójaként állította ki 1910. november végén a modern művészeteknek helyet biztosító Művészház téli kiállításán,[8] az úgynevezett Ellenszalonon. Ezt követően a Művészház 1914-es végleges bezárásáig minden évben szerepelt az itt megrendezett tárlatokon. 1911 szeptemberében a második zsűrimentes kiállításon,[9] a következő év júniusában az 1912. évi zsűrimentes kiállítás második sorozatában,[10] majd 1913-ban a Művészház Palotafelavató kiállításán[11] mutatta be műveit.[12] [3., 24. kép]

A Szépművészeti Múzeumot csupán pár évvel Nemes Lampérth József születése után alapították. 1894. január 28-án[13] Wekerle Sándor miniszterelnök egy új „szépművészet-történeti múzeum" felállítására tett javaslatot az államalapítás ezeréves évfordulójához kapcsolódó építkezések részeként. A miniszterelnök szavai szerint azonban már körülbelül egy évvel korábban felmerült az ötlet egy új múzeumépület létrehozására, amelyet a nemzetközi muzeológiai szempontok átalakulása mellett az is indokolt, hogy a Magyar Nemzeti Múzeum helyszűkében volt[14] a műtárgyak bemutatását és raktározását illetően. A miniszterelnöki javaslat végül 1896. május 17-én vált törvényhatározattá, amely kimondta: „A törvényhozás a honalapítás ezredik

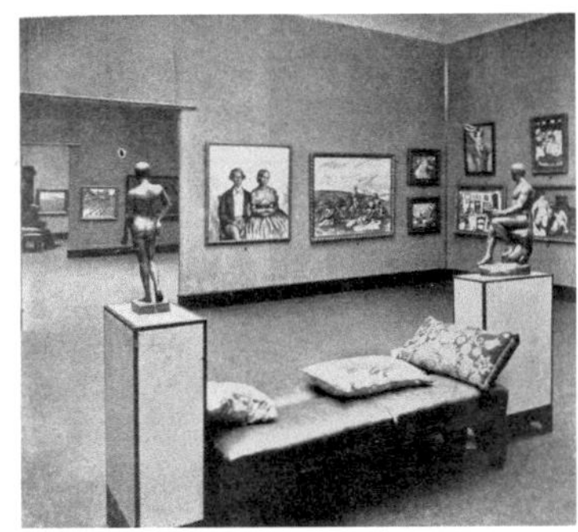

3. A Művészház Palotafelavató kiállításának terme | The Hall of the Művészház Palace Inauguration Exhibition, 1913

8 1910. november 27. – december 27. A Művészház téli kiállítása. Budapest, 1910. Kat. 68. *Csendélet.*

9 1911. szeptember 3. – szeptember 20. körül. A Művészház Zsűrimentes kiállítása. Budapest, 1911. Kat. 18. *Csendélet*; kat. 202. *Czigányfiú.*

10 1912. június 16. – június 30. Forrás: [n. n.]: A Művészház 1912. évi zsűrimentes kiállításának második sorozata. *Az Ujság*, 1912. június 15. X. évf. 142. sz. 21.

11 1913. január 23. – február 28. körül. Kalauz a Művészház Palotafelavató kiállítására. Budapest, 1913. Kat. 207. *Ülő nő.*

12 Bár a kiállítási katalógus tanúsága szerint csak egy rajzát állította ki, az *Új Idők* folyóiratban közölt reprodukción – Zwickl András, a Művészház kutatójának azonosítása alapján – látható, hogy *Önarckép* (1. kat. sz.) című alkotása is szerepelt a tárlaton. [24. kép] Forrás: *Új Idők*, 1913. február 2. XIX. évf. 6. sz. 140.

13 [n. n.] Az ezredév megünneplése. – A kormány ujabb előterjesztései. *Pesti Napló*, 1894. február 1. 45. évf. 32. sz. 4.

14 Az újonnan létrehozott Szépművészeti Múzeum műtárgyállománya a Magyar Nemzeti Múzeum gyűjteményének egy részéből és az Országos Képtár anyagából tevődött össze.

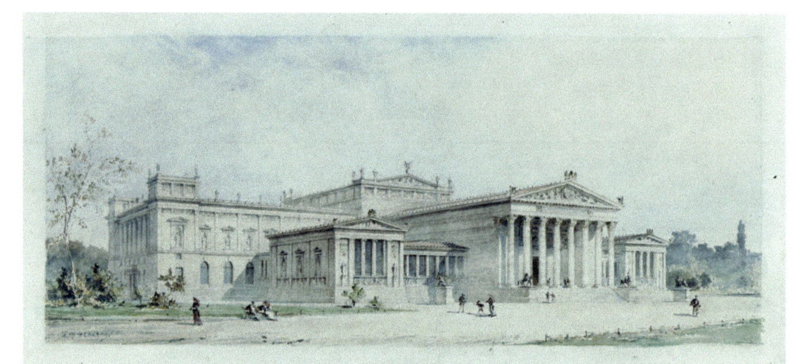

évfordulójának maradandó emlékekkel való megörökítése czéljából elhatározza, hogy [...] országos szépművészeti múzeumot létesít s annak gyűjteményei befogadására Budapesten alkalmas helyen megfelelő épületet emel."[15] Az új múzeum épületére 1898 szeptemberében írtak ki nyilvános tervpályázatot, amelyre az 1899. márciusi határidőig kilenc pályamű érkezett. Ezek közül egy sem felelt meg tökéletesen a kiírt feltételeknek, de a nemzetközi zsűrinek határoznia kellett, így a Pecz Samu által készített tervnek ítélte a 6000 koronás első díjat, míg a Schickedanz Albert – Herzog Fülöp által beadott tervnek jutott a 4000 koronás második díj.[16] [4. kép] A zsűri döntése ellenére végül mégsem az első helyet kiérdemlő terv valósult meg. Ennek oka, hogy Wlassics Gyula közoktatási miniszter több mozgásteret látott a Schickedanz–Herzog-féle tervben, így az építészpárost kérték fel tervüknek a múzeum minden szükségletét szem előtt tartó átdolgozására. A végső változat elfogadását követően 1900. augusztus 1-én kezdődött meg az építkezés az Andrássy út Városliget felé eső végén. Bár az épületegyüttes hátsó,

15 *Magyar Törvénytár 1000–1895. 1896. évi törvénycikk – Corpus Juris Hungarici.* Szerk. Márkus Dezső. Millenniumi emlékkiadás 21. Budapest, 1897.
16 Bierbauer István: A Szépművészeti Múzeum. *Építő Ipar*, 1913. január 5. 37. évf. 1. sz. 1–3.

nagyobb szárnyába már 1903 szeptemberében megkezdték a műtárgyak elhelyezését,[17] a múzeum átadására csak 1906 decemberének első napjaiban került sor. Ekkor Ferenc József személyes jelenlétében nyitották meg a kiállításokat, amelyek ezután a nagyközönség számára is látogathatóvá váltak. [5., 25. kép] Az intézmény első főigazgatója Kammerer Ernő volt, aki 1906–1914 között vezette a múzeumot. Őt követte Petrovics Elek, aki 1914-es kinevezését követően egészen 1935-ig töltötte be a főigazgatói tisztséget.

Nemes Lampérth József életében már nem sokkal a megnyitást követően jelentős szerepet töltött be az új múzeum. Az 1910-es évek elején barátjával, Uitz Bélával közösen látogatták a Szépművészeti Múzeum kiállításait és könyvtárát. A kiállítótérben elsősorban a spanyol műveket tanulmányozták, míg a könyvtárban főleg a nemzetközi művészet – Cezanne, Matisse és Picasso – alkotásait.[18] Amint arra Bajkay Éva is rámutatott, „ahogy Cezanne-nak a Louvre, úgy Nemes Lampérthnak a könyvtár volt a legfőbb egyeteme".[19] Ez volt az a közeg, ahol a szegény, de lelkes fiatal művésznek lehetősége nyílt alaposabban megismerkedni azokkal az alkotásokkal, amelyek művészetének legfőbb inspirációit jelentették. A könyvtár azonban a művészetét befolyásoló stílustendenciáknál jóval többet adott Nemes Lampérthnak. Olyan életre szóló barátokkal találkozott itt, akik a későbbiekben fontos szerepet játszottak életében. Az 1910-es évek elején a „Szépi [Szépművészeti Múzeum] olvasótermében"[20] ismerkedett meg „felfedezőjével",[21] Pogány Kálmánnal, aki 1908-tól dolgozott a múzeumban. Szintén itt találkozott Wilde Jánossal, aki testvérével, Wilde Ferenccel[22] együtt barátként támogatták a művészt egész életében. Wilde János 1913-tól a múzeum önkéntes gyakornokaként dolgozott,

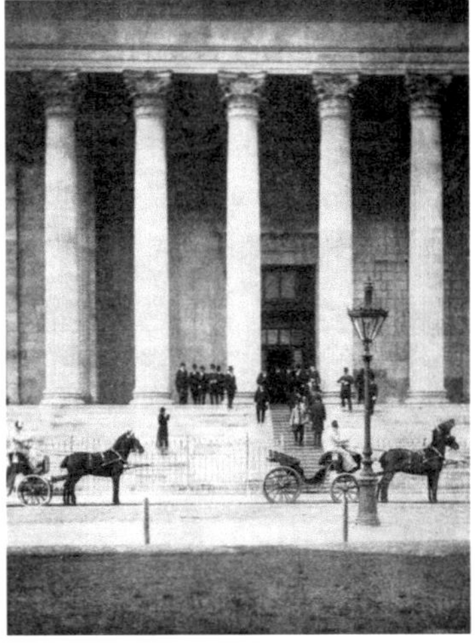

5. Ferenc József távozik a Szépművészeti Múzeum megnyitása után, 1906. december 1. | Franz Joseph I leaves after the opening ceremony of the Museum of Fine Arts, 1 December 1906

17 [n. n.] A Szépművészeti Múzeum. *Ország-Világ*, 1903. szeptember 13. 24. évf. 37. sz.
18 Bajkay 1974. 14.
19 Bajkay Éva lektori véleménye Mezei 1984-es könyvéhez. MTA – HUN-REN BTK MI, Adattár, Mezei Ottó-hagyaték.
20 Wilde Ferenc levele Molnár Zsuzsának, 1962. november 29. MTA – HUN-REN BTK MI, Adattár, MKCS-C-I-77/1752.
21 Wilde Ferenc levele Molnár Zsuzsának, 1962. november 29. MTA – HUN-REN BTK MI, Adattár, MKCS-C-I-77/1752.
22 Wilde Ferenc (1887–1968) jogász, tanár, műgyűjtő. Forrás: *Enigma* 102. sz. 2020. 62.

és fennmaradt levelezésének köszönhetően jól dokumentált a festővel való kapcsolata. Bár a kettejük közti levélváltásból csak Nemes Lampérth gyakori küldeményeit ismerjük, ezekből is szépen kibontakozik, hogyan vált kettejük viszonya egyre személyesebbé, közvetlenebbé. Barátságuk mélyülését mutatja a megszólítás átalakulása. Míg az 1914 őszén írt első levelekben „Nagyságos Wilde János" olvasható, addig az 1918-as küldeményen már „Kedves Öregem", vagy 1922. március végén már „Kedves Jancsi Barátom" a megszólított. A szimpátián túl a Szépművészeti Múzeum muzeológusai művészileg is elismerték a festőt. Pogány Kálmán számára különösen kiemelkedő volt Nemes Lampérth művészete, mivel benne látta „a magyar festészet és rajzművészet fejlődésének útját".[23] Stílusának egyéni jellegzetességei, amelyek a 20. századi magyar avantgárd művészet legnagyobbjai közé emelték, már igen korán kialakultak. Feltehetően Meller Simon, a Grafikai Osztály vezetője is felismerte tehetségét, rajzainak újszerűségét és jelentőségét, amikor 1912 januárjában a múzeum számára megvásárolta három grafikáját. 1912. január 9-én a festő személyesen mutatta be a múzeumban több rajzát, amelyek közül Meller három darabot választott ki: a *Budai részlet* (5. kat. sz.) című krétarajzot, az *Aktok* (4. kat. sz.) tusrajzot és a *Fekvő akt* (3. kat. sz.) című ceruzarajzot. Ezekért összesen 60 koronát kapott, ám az anyagi nyereségen túl, a művészetére mindig büszke festőnek hatalmas elismerést jelenthetett, hogy húszéves korában alkotásai bekerültek az ország legnagyobb képzőművészeti gyűjteményébe.[24]

23 Szabó 1973. 210.
24 Barátainak és pályatársainak csak pár évvel később, Uitz Bélának 1914-ben, Kmetty Jánosnak 1916-ban kerültek be munkái a Szépművészeti Múzeum gyűjteményeibe.

Párizs (1913. március – 1914 nyara)

Ahogy a 20. század első éveitől kezdve a legtöbb fiatal magyar művész, úgy Nemes Lampérth is Párizsba vágyott, ahol a legfrissebb művészi tendenciák formálódtak. 1913 tavaszán nyílt lehetősége, hogy – állami segítséggel[25] – eljusson a francia fővárosba. Itt minden alkalmat megragadott a munkára, és barátjának, Cselényi Walleshausen Zsigmondnak köszönhetően megismerte azokat a szabadiskolákat, ahol élő modell után rajzolhatott. [26. kép] Ekkor készült aktrajzai arról tanúskodnak, hogy bár kezdetben még a főiskolai év tanulságai foglalkoztatták, a következő év elején tusrajzain már kiérleltebb formában, térbe helyezve örökítette meg a modelleket. Női aktjai (12., 13., 14. kat. sz.) mellett másik jelentős sorozatát kedvelt témájáról, a Szajna hídjairól (10., 11. kat. sz.) készítette. Ezeken a folyóparti város részleteit ábrázolta, ahol központi motívumként szerepeltek a hidak és a körülöttük álló házak. Az itt töltött hónapok alatt rengeteget dolgozott – ezt igazolja fentmaradt grafikáinak mennyisége. Emellett azonban szakított időt arra is, hogy megismerje Párizs hangulatos utcáit, híres templomait, és a Musée du Louvre termeiben eredetiben megcsodálja azokat az alkotásokat, amelyeket eddig csak a Szépművészeti Múzeum könyvtárának albumjaiból ismert.

Nemes Lampérth életében meghatározó volt a francia fővárosban töltött időszak, amelyre mindig nosztalgiával emlékezett. Feltehetően nem önszántából hagyta el Párizst, hanem külső ok – esetleg pénzhiány – hatására. Nem tudni, hogy pontosan mikor érkezett vissza Magyarországra, egyes források azonban arra utalnak, hogy még az I. világháború kitörése előtt. 1914. június 20-án felkereste a Szépművészeti Múzeumot, és

6. Nemes Lampérth József köszönőlevele a *Gáborvigh István arcképe* (15. kat. sz.) után felvett fizetségért | József Nemes Lampérth's letter of thanks after accepting the payment for *Portrait of István Gáborvigh* (cat. no. 15), 1914

25 Majovszky Pálnak (a Közoktatásügyi Minisztérium művészeti osztályvezetője) küldött levele, Szépművészeti Múzeum – Közép-Európai Művészettörténeti Kutatóintézet Archívum és Dokumentációs Központ (SZM–KEMKI ADK), 12492/59, közölve: Mezei 1976. 1. sz. 763.

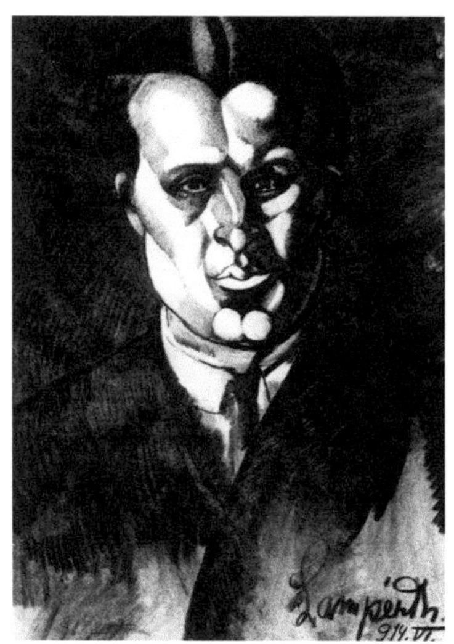

7. Nemes Lampérth József: *Pogány Kálmán portréja* | József Nemes Lampérth, *Portrait of Kálmán Pogány*, 1914

felajánlotta megvételre Párizsban készült rajzát, *Gáborvigh István arcképé*t (15. kat. sz.), amelyet a Grafikai Osztály 80 koronáért meg is vásárolt. [6. kép] Az adásvételről fennmaradt dokumentum[26] egy érdekes részletet is tartalmaz, pirossal szerepel rajta az ügyintéző muzeológus neve: *Pogány* [Kálmán]. A kettejük közti szoros kapcsolatról tanúskodik a Párizsból küldött karácsonyi üdvözlőlap mellett egy konkrét alkotás is. 1914 júniusában Nemes Lampérth elkészítette a múzeum munkatársaként dolgozó barátjának portréját. [7. kép] A két arckép keletkezése között kevés idő telhetett el, hiszen stilárisan nagyfokú hasonlóságot mutatnak. Mindkettőn a Párizsban megismert kubizmus erőteljes hatása érződik.

Harctéren (1914 nyara – 1915. szeptember)

Az I. világháború kitörése, sok más fiatal művészhez hasonlóan, Nemes Lampérth életében is alapvető változást hozott. Párizsból való hazatérése után, 1914 augusztusában bevonult a seregbe [8., 27. kép], és kaposvári kiképzését követően a mai Lengyelország déli részén, illetve Ukrajna nyugati részén elhelyezkedő galíciai frontra került.[27] A harctéren átélt borzalmak testileg-lelkileg egyaránt megviselték. Erről az időszakról meglehetősen pontos képet nyújtanak szép számban fennmaradt, barátainak küldött levelei és képeslapjai. Ezekben nemcsak kiképzéséről, hanem a fronton átéltekről is beszámol, és megrázó realitással, részletességgel írja le az ellenséggel folytatott küzdelmet. Írásainak hangja pillanatnyi lelkiállapotának függvényében változik. Egyszer unott, máskor elkeseredett, de előfordul, hogy egy-egy

26 Szépművészeti Múzeum (SZM), Irattár, 867/1914.
27 Bár 1914. szeptemberi levelében említi, hogy kapott az államtól 400 koronát tanulmányai folytatására, a világpolitikai események alakulásának következtében erre nem volt lehetősége, és a pénzt budapesti adósságainak törlesztésére használta fel.

győztes ütközet sikerétől szinte eksztatikusan meséli el a támadás részleteit. Leveleiben nem feledkezett el a Szépművészeti Múzeumról sem, gyakran említi itt dolgozó ismerőseit és Wilde Jánoson keresztül üdvözletét küldi többek között Pogány Kálmánnak, Meller Simonnak és Felvinczi Takács Zoltánnak. Az írásos üdvözlet mellett, ha lehetősége nyílt rá, személyesen is felkereste a múzeumot. Kaposváron töltött hónapjai alatt először 1914 szeptemberében utazott Budapestre egy szomorú esemény miatt, édesanyja temetésére. Ezt követően október végén, november elején járt újra a fővárosban, amikor a múzeumba is ellátogatott, és a gyűjteménynek ajándékozta egyik *Szajna-hida*t (11. kat. sz.) ábrázoló tusrajzát. 1915. április elején kisebb sérülése miatt ismét Budapesten tartózkodott, és többször felkereste a Szépművészeti Múzeumot, amely „nagyon megürült. Mindenki katona"[28] – írta barátjának küldött lapján. A fronton töltött időszakban több sebesülést szerzett, míg végül 1915 szeptemberében súlyos karsérülése[29] miatt végleg el kellett hagynia a csatateret. Ekkor azonban nem a kaposvári állomáshelyén lévő kórházban ápolták – ahogy az a korábbi szakirodalomban tévesen szerepelt –, hanem a budapesti Albrecht főhercegi laktanyában, a Szépművészeti Múzeumtól nem messze.[30] A harctéri hónapok alatt kevés lehetősége volt az alkotásra, ennek ellenére ismerünk fronton készített műveket. Ezek közül a leghitelesebb az a két grafika, amelyeket 1915. október 11-én személyesen vitt a múzeumba eladásra. *Futóárok* (16. kat. sz.) és *Épületrom* (17. kat. sz.) című rajzait Meller Simon vette át a festőtől. A vásárlás tényéről Nemes Lampérth örömmel számolt be Wilde Jánosnak,[31] illetve egy további művét, a *Dobrotwori csatater*t [ma Dobrotvir, Ukrajna] ábrázoló rajzát is említi, amelyet barátsága jeléül ajándékként elküldött Wildének.

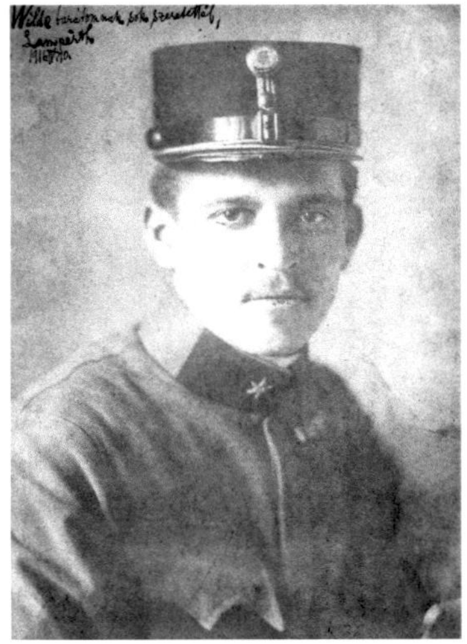

8. Nemes Lampérth József katonaruhában | József Nemes Lampérth in military uniform, 1916

28 Nemes Lampérth József levelezőlapja Wilde Jánosnak, Kaposvár, 1915. április 12. MTA – HUN-REN BTK MI, Adattár, MKCS-C-I-77/1906.
29 Sebesüléséről Meller Simont és Wilde Jánost is képeslapon értesítette 1915. szeptember 12-én.
30 Az Albrecht főhercegi laktanya az Aréna út [ma Dózsa György út] 49. sz. alatt volt, míg a Szépművészeti Múzeum az Aréna út 41. sz. alatt.
31 Nemes Lampérth József levele Wilde Jánosnak, Budapest, 1915. október 30. MTA – HUN-REN BTK MI, Adattár, MKCS-C-I-77/1865, közölve: Horváth 1960.

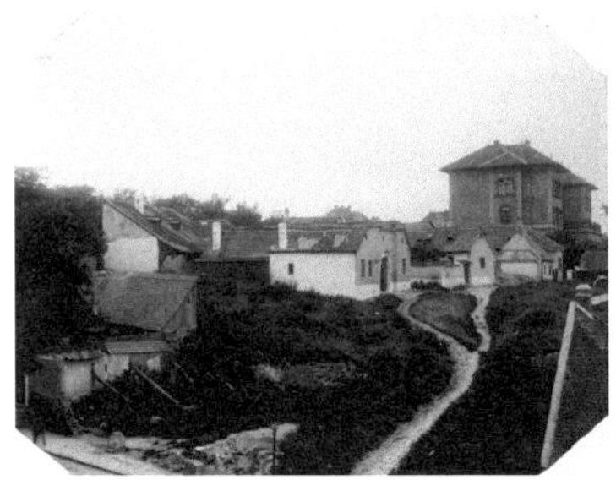

9. A Czakó utca környéke
az egykori Tabánban, 1900-as évek |
The neighbourhood of Czakó street
in the now-demolished Tabán district,
1900s

Kreatív alkotói időszak (1916–1918)

Nemes Lampérth a harctéri sérüléséből fizikálisan hamar fel-épült, és lábadozását követően újult lendülettel vetette bele ma-gát a munkába. Az 1916–1918 között készült olajfestményei és grafikai sorozatai az életmű legszebb és legjellemzőbb alkotásai. Nem véletlen, hogy több kortárs műértő is elismerően írt ezek-ről. Míg Kállai Ernő „expresszív naturalizmus"-ként[32] határozta meg harsány színvilágú alkotásainak stílusát, addig Elek Artúr a festmények monumentális felfogását hangsúlyozta,[33] Kassák Lajos pedig a színek végletes felfokozása"[34] mellett a képek exp-resszivitását emelte ki. Felépülését követően Nemes Lampérth kezdetben – saját lakás és műterem híján – barátja, Kmetty Já-nos műtermében dolgozott, ahol újra lehetősége adódott olaj-jal festeni. Itt készült aktképein (18. kat. sz.) jól megfigyelhető jellegzetes festésmódja: a vastagon felrakott olajfesték élénk színű foltjaiból alakította ki a motívum részleteit. A pasztózus festékfoltoknál nem törekedett az ecsetvonások eltünteté-sére, hanem felhasználta őket a formaalakítás, illetve a vég-ső látvány érdekében, meghatározva ezzel a kompozíció belső dinamikáját. Ezt a technikát egységesen alkalmazta a kép mo-delljénél és a háttér zöld drapériájánál. Hasonló módon festette öccse Horgony utcai albérletében készült gellérthegyi tájképeit (19. kat. sz.), amelyek egy mára eltűnt városrész, az egykori Ta-bán festői látványába engednek bepillantást. [9., 28. kép] 1916 őszén költözött testvéréhez, miután a háború borzalmaitól és a megfeszített munkától megviselt idegrendszere instabillá vált és az utcán dührohamot kapott. Fennmaradt levelei is tükrözik mentális állapotának egyenetlenségét: a gyakori hangulatin-gadozások, a depresszív, munkaképtelen, és az aktív, munkás

32 Kállai 1925. 77.
33 Elek Artúr: A Nemzeti Szalón [sic] cso-portkiállítása. *Az Ujság,* 1917. június 3. 15. évf. 141. sz. 14.
34 Kassák Lajos: Nemzeti Szalon: Fiatalok csoportkiállítása. *Ma,* 1917. július 15. II. évf. 9. sz. 146–147.

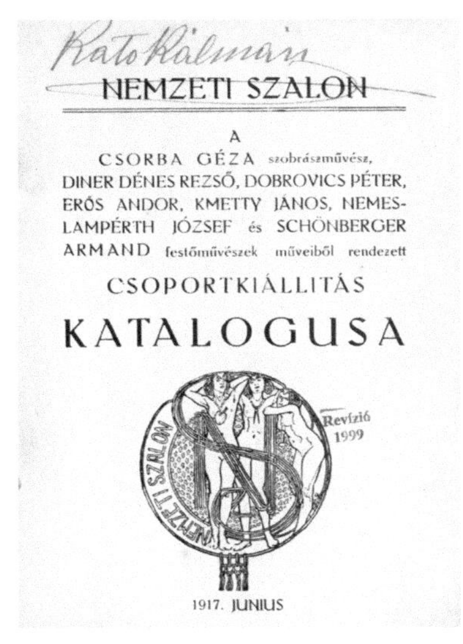

NEMZETI SZALON

A

CSORBA GÉZA szobrászművész,
DINER DÉNES REZSŐ, DOBROVICS PÉTER,
ERŐS ANDOR, KMETTY JÁNOS, NEMES-
LAMPÉRTH JÓZSEF és SCHÖNBERGER
ARMAND festőművészek műveiből rendezett

CSOPORTKIÁLLITÁS

KATALOGUSA

1917. JUNIUS

Nemes Lampért József

KÉPEK:

161.	Rácz-fürdő		4000.—
162.	Háttal álló akt		eladó
163.	Álló akt		eladó
164.	Városligeti részlet		2500.—
165.	Gellérthegy lejtőjén		2000.—
166.	Házak a dombon	Préger Mór ur tulajd.	
167.	Házak napfényben	Mannheim Károly ur tulajd.	
168.	Ravatal		eladó
169.	Pont-neuf	Dr. Herz Henrik ur tulajdona	
170.	Csendélet	Dr. Fogarasi Béla ur tulajdona	
171.	Csendélet	Hauser Arnold ur tulajdona	
172.	Csendélet		1000.—
173.	Csendélet		1500.—
174.	Olajvázlat		500.—

RAJZOK:

175.	Portrait	Dr. Antal Frigyes ur tulajdona
176.	„	Mannheim Károly ur tulajdona
177.	„	Hauser Arnold ur tulajdona

Schönberger Armand

178.	Női akt festmény	1000.—
179.	Gyár részlet	450.—
180.	Zárda utca télen	500.—

— 11 —

10. A Nemzeti Szalon Csoportos
kiállításának katalógusa |
Catalogue of National Salon's
Group Exhibition, 1917

időszakok váltakozása egyaránt későbbi pszichés betegségének előjelei voltak. Hangulatára és munkakedvére jó hatást gyakoroltak barátai és családja, így például 1917 augusztusában gyönyörű tusrajzsorozatot készített nővérénél tett kolozsvári látogatása alkalmával (21., 22., 23. kat. sz.).

Feltámadt alkotókedve mellett újra kiállítási lehetőséghez is jutott. 1916-ban a Nemzeti Szalon [29. kép] Tavaszi Tárlatának *Fiatalok* című csoportkiállításán[35] hat festőkollégájával együtt[36] állította ki műveit, köztük az ekkor már a Szépművészeti Múzeum tulajdonában levő *Gáborvigh*-portrét (15. kat. sz.). Decemberben egy csendéletével ismét részt vett a Nemzeti Szalon tárlatán.[37] A következő év nyarán újra a „Fiatalok" néhány tagjával együtt jelentkezett a Nemzeti Szalon csoportkiállításán,[38] ahol nagyobb kollekciót mutatott be. [10. kép]

35 1916. április 2–24. „Fiatalok" Képzőművészek köre. Kat. 369–376.

36 A kiállítók közül kettőjükkel közösen járt a Képzőművészeti Főiskolára – Dobrovics Péter III. éves, Uitz Béla pedig IV. éves hallgató volt abban az évben, amikor Nemes Lampérth is ott tanult. Kmetty Jánost pedig az epreskerti esti rajztanfolyamról ismerte, azóta barátokként tekintettek egymásra.

37 1916. december 17. – 1917. január 7. A Nemzeti Szalon téli kiállítása. Kat. 330. *Csendélet*.

38 1917. június 3. – június közepe. A Csorba Géza szobrászművész, Diner Dénes Rezső, Dobrovics Péter, Erős Andor, Kmetty János, Nemes-Lampérth [sic!] József és Schönberger Armand festőművészek műveiből rendezett csoportkiállítás. Kat. 161–174.

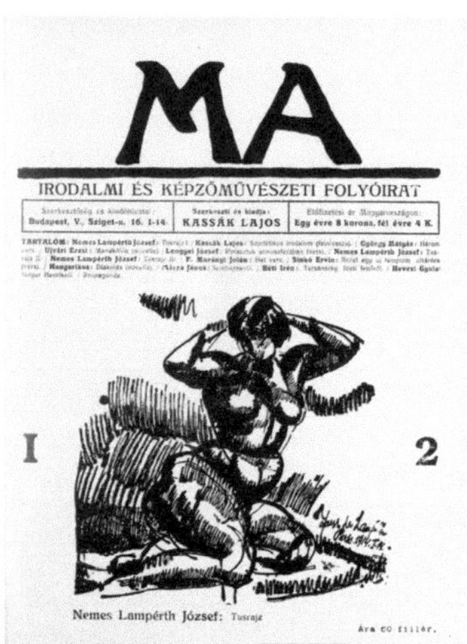

11. Nemes Lampérth József tusrajza a *MA* folyóirat címlapján | József Nemes Lampérth's India ink drawing on the cover of the journal *MA*, 1916

A kiállításnak hatalmas sikere volt, amely magát a művészt is meglepte: „a dolgaimnak egészen megdöbbentő volt a hatásuk, – hogy velősen fejezzem ki magamat – mindenki frappirozva volt."[39] Amellett, hogy Kassák Lajos [30. kép], a legmodernebb avantgárd művészeti elveket közvetítő *MA* című folyóirat szerkesztője is elismerően írt róla, Petrovics Elek a Szépművészeti Múzeum főigazgatója vásárlási szándékkal kereste meg a festőt. Erről barátjának, Wilde Jánosnak is beszámolt: „Az utolsó gellérhegyi [sic] tájképemre – Petrovics igazgató úr – ajánlatot is tett, amit elfogadtam."[40] (19. kat. sz.) Így a festmény a Szépművészeti Múzeum tulajdonába került. A következő év szeptemberében részt vett a *MA* folyóirat [11. kép] Váci utcai helyiségében rendezett *III. Demonstratív kiállításán*,[41] ahol három, a Tabánban készült tájképét mutatta be.

Folyamatos budapesti tartózkodása révén gyakran ellátogatott a Szépművészeti Múzeumba, különösen akkor, amikor az Albrecht laktanyában lábadozott és mindössze tízperces sétára lakott az intézménytől. Egyik levelében barátját is tájékoztatta erről: „A Museumba gyakran bejárok és ott folyik a csendes folytonos munka. Egyébként minden a régi ottan."[42] Személyes látogatásai során valószínűleg ott dolgozó barátaival is találkozott, így nem meglepő, hogy több műve is bekerült ekkor a múzeum gyűjteményeibe. 1916. szeptember 28-án, személyes felajánlását követően vették meg egy a párizsi *Pont Neuf*öt (10. kat. sz.) ábrázoló tusrajzát. A következő évben Petrovics Elek fentebb említett vásárlása révén a gellérthegyi tájképével (19. kat. sz.) bővült a műtárgyállomány. 1918-ban három grafikája is a múzeumba került, márciusban *Kolozsvári állomás* (21. kat. sz.) és *Falusi házak* (22. kat. sz.) című rajzait ajándékozta, majd április 22-én báró Hatvany Ferenc egy további Nemes Lampérth-rajzot

39 Nemes Lampérth József levele Wilde Jánosnak, 1917. június 23. MTA – HUN-REN BTK MI, Adattár, MKCS-C-I 77/1864, közölve: Horváth 1960. 169–183.

40 Uo.

41 1918. szeptember 15. – október 14. *A „MA" (III) Demonstrativ Kiállításának katalógusa*. Budapest, 1918. Kat. 5–7.

42 Nemes Lampérth József levele Wilde Jánosnak, Budapest, 1916. február 16. MTA – HUN-REN BTK MI, Adattár, MKCS-C-I-77/1913, közölve: Horváth 1960.

adományozott a Grafikai Osztálynak (23. kat. sz.). Mindhárom tusrajz egy időben, a nővérénél tett kolozsvári látogatása idején készült. A festő a rendszeres bemutatkozási lehetőségeknek és az elért sikereknek köszönhetően úgy érezte, hogy élete anyagilag stabilabbá vált. Bár levelei arról tanúskodnak, hogy depresszív periódusai vissza-visszatértek, mégis úgy tűnt, hogy pályája kezd felfelé ívelni. Feltehetően a pozitív fordulat reménye is közrejátszhatott abban, hogy 1918 szilveszterén kelt levelében egyik fő művét, *A ravatal* (6. kat. sz.) című festményt örök letétül ajánlotta a múzeumnak. [12. kép] Az intézmény örömmel fogadta az ajándékot, a közoktatásügyi miniszter köszönőlevelét Petrovics igazgató továbbította a festőnek, saját soraival kiegészítve.[43]

A magyarországi Tanácsköztársaság időszaka (1919. március 21. – augusztus 1.)

1918–1919 forradalmi időszaka kisebb-nagyobb mértékben minden magyar ember életére hatással volt. A történelmi események azok sorsát is érintették, akik amúgy távol tartották magukat a mindennapi politikától. Ez alól a művészek sem voltak kivételek, így közülük sokan, főleg a legújabb művészi tendenciákat képviselő avantgárd képzőművészek aktív részeseivé váltak az 1918 novemberében kikiáltott Magyar Népköztársaság, majd az azt felváltó kommunista diktatúra, a Tanácsköztársaság eseményeinek.[44] Nemes Lampérth József ugyan szimpatizált a baloldali eszméket képviselő Vasárnapi Kör tagjaival,[45] de a társaság összejövetelein csak csendben figyelt, és aktív politikai szerepet sem vállalt. [13. kép]

12. Nemes Lampérth József levele, 1918. december 31. | József Nemes Lampérth's letter, 31 December 1918

43 A levéltervezet forrása: SZM Irattár, 4/1919.
44 „[A]z aktivista mozgalommal olyan művészek is kapcsolatba kerültek, akik egyáltalán nem politizáltak – Tihanyi, Mattis Teutsch, Nemes Lampérth." Földes Emília: *A Fővárosi Képtár története és gyűjteménye 1890–1945.* Magánkiadás, Budapest, 1998. 87.
45 Karádi–Vezér 1980.

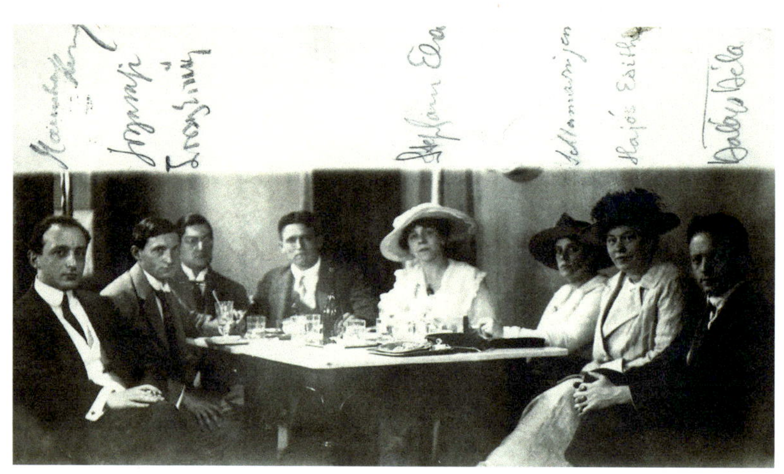

1919. március 21-ét, a magyarországi Tanácsköztársaság kikiáltását követően Nemes Lampérth élete is megváltozott. Bár a proletárdiktatúra mellett elköteleződött *MA* folyóirat által 1919. március 25-én kiadott, a kommunista forradalmat támogató röplapot nem írta alá, olyan pozícióhoz jutott, amelynek köszönhetően élete anyagi szempontból könnyebbé vált. Május 2-án Antal Frigyes közoktatásügyi népbiztoshelyettes kinevezte az újonnan alakult Proletár Képzőművészeti Tanműhely festészeti szakosztályának tanárává.[46] Az Andrássy Gyula Duna-parti palotájában [14. kép] működő intézmény vezetésével Uitz Bélát bízták meg, míg a szobrászati szakosztály tanára Medgyessy Ferenc lett. A kinevezésnek köszönhetően Nemes Lampérth életében először fix fizetéshez jutott, az ezzel járó anyagi biztonság mégsem adott számára alkotói lendületet. Feltehetően tanári teendői miatt is kevesebb ideje jutott a művészi munkára, hiszen ebből az időszakból kevés műve ismert.

46 A Proletár Képzőművészeti Műhely vezetőinek és tanárainak megbízatása ügyében a közoktatási népbiztos levele Uitz Béla és Lampért [sic!] József festőművészekhez, valamint Medgyesy [sic!] Ferenc szobrászművészhez. In: *A magyar Tanácsköztársaság képzőművészeti élete.* 1960. 94. [n. n.]: Proletár képzőművészeti tanműhely. *Népszava,* 1919. május 4. 47. évf. 106. sz. 10. Tanácsköztársaság. *Budapesti Közlöny,* 1919. május 15. 3.

Az egyik legjelentősebb ezek közül a barátjával, Kmetty Jánossal közösen készített *BE!* című toborzóplakát[47] (25. kat. sz.), amelynek modellje öccse, Lampert [sic!] István volt. Ebben a műfajban eddig nem volt lehetősége kipróbálni magát, így nem meglepő, hogy korábbi dinamikus grafikáihoz képest stilárissan eltérő művet alkotott, amely a plakát műfaji sajátosságainak megfelelő vizualitást követ.

A Tanácsköztársaság időszakában bekövetkezett átalakulások a Szépművészeti Múzeumot is érintették. A múzeum több dolgozója aktív résztvevője volt a proletárdiktatúrának. Lukács György közoktatásügyi népbiztos Pogány Kálmánt – Nemes Lampérth régi pártfogóját és barátját – nevezte ki a Múzeumi és Művészeti Direktórium élére. Bár Pogány csak néhány hétig volt a vezetője,[48] nevéhez olyan tevékenységek kapcsolódtak, mint a magántulajdonban lévő műkincsek szocializálása, tudományos kategorizálása és bemutatása a Műcsarnokban rendezett kiállításon.[49] Pogány mellett más muzeológusok is tagjai voltak a művészeti direktóriumnak, például Antal Frigyes és Wilde János, akikkel a festő szintén baráti kapcsolatban állt. A direktórium további céljai között szerepelt „a nehéz helyzetben lévő művészek támogatása, műtárgyak vásárlásával a kortárs művészet anyagának bővítése".[50] Bár saját korában ez a tevékenység felesleges pénzszórásnak tűnhetett a kortárs művészeti irányzatokban járatlan szemlélőnek, az utókor hálával gondolhat rá, hiszen ennek köszönhetően találhatók meg napjainkban a múzeumi gyűjteményekben olyan kiemelkedően fontos alkotások, amelyek e műtárgyvásárló tevékenység híján elkallódhattak volna. A Közoktatásügyi Népbiztos 1919. április 26-án[51] 250 000 koronát utalt ki képzőművészeti alkotások vásárlására, amelynek terhére többek között Nemes Lampérth

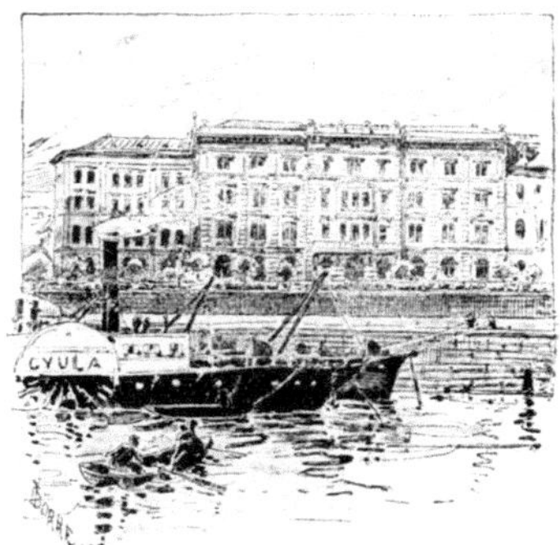

14. Gróf Andrássy Gyula budai palotája | The Buda palace of Count Gyula Andrássy, 1890

47 Több művész is készített ekkor a magyarországi Tanácsköztársaság hadseregébe, a Vörös Hadseregbe való belépésre ösztönző plakátokat. A legismertebb ezek közül Berény Róbert *Fegyverbe! Fegyverbe!*, illetve Biró Mihály *1919. május 1. (Kalapácsos ember)* című művei. [15. kép]

48 „Pogány Kálmánt 1919. április 24-én kinevezték a keleti hadsereg-parancsnokság zászlóaljparancsnokává, ezért az ügyek intézését Antal Frigyes vette át, 1919. július 29-ig, amikor is Lessner Manó lett a Közoktatásügyi Népbiztosság Művészeti és Múzeumi osztályának a vezetője." Bardoly 2015. 109. 31. j.

49 *Köztulajdonba vett műkincsek első kiállításának katalógusa.* Budapest, Műcsarnok, 1919. A kiállítást 1919. június 14-én nyitotta meg Lukács György. „Ténykérdés, hogy bár senki sem örült igazán magángyűjteménye »szocializálásának«, a gyűjtők közül többen nagyobb biztonságban látták ekkor műalkotásaikat a Szépművészeti Múzeumban." Forrás: Kálnoki-Gyöngyössy 2020. 90.; Dent 2019.

50 Szabó 1973. 205.

51 *A magyar Tanácsköztársaság képzőművészeti élete* 1960. 44.

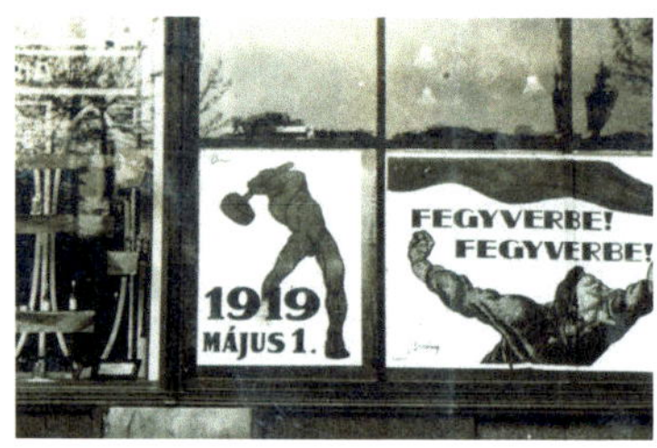

15. Berény Róbert és Biró Mihály plakátja egy budapesti üzlet kirakatában | Mihály Biró's and Róbert Berény's posters in the window of a Budapest shop, 1919

52 Dr. Hoffmann Edit jelentése a fegyelmi bizottsághoz a Tanácsköztársaság alatti magatartásáról. 1920. január 7. MTA BTK MTI ADT, MKCS-C-I-103/24.
53 A Szépművészeti Múzeum igazgatójának felterjesztése a Közoktatásügyi Népbiztossághoz, melyben javaslatot tesz a modern képgyűjtemény rendezésére és az ezzel kapcsolatos költségek megtérítését kéri. Gerelyes 1967. 140.
54 A Szépművészeti Múzeum 1920–1923-ban. In: *SZM Évkönyvei* 3. 1924. 118.
55 A kiállításhoz tervezett katalógus végül nem készült el. 1925-ben a vallás- és közoktatásügyi miniszter engedélyével a Szépművészeti Múzeum megkapta a Régi Műcsarnok Andrássy úti épületének (ma Andrássy út 69.) első emeleti helyiségeit. Itt rendezték újjá a Modern Képtárat, amelyhez 1928-ban jelent meg a katalógus. Forrás: A Szépművészeti Múzeum 1924–1926-ban. In: *SZM Évkönyvei* 4. 1927. 215. Az Új Magyar Képtár kiállításába Nemes Lampérth Józseftől a Pont Neuföt ábrázoló tusrajzát (10. kat. sz.) válogatta be Petrovics. Forrás: *Országos Magyar Szépművészeti Múzeum Új Magyar Képtárának katalógusa*. Budapest, 1928.

József *Kaktusz* (2. kat. sz.) című olajfestményét is megvették 3000 koronáért. Ez a mű június 24-én került a múzeumba, majd a következő hónapban a festő további alkotásaival gyarapodott a gyűjtemény: *Háttal álló női akt* (18. kat. sz.) című olajfestménye (9500 korona), *Önarckép* (7. kat. sz.) (500 korona) című tusrajza, illetve *Interieur síró alakkal* (9. kat. sz.) (1000 korona) című akvarellje került be ekkor. A Művészeti Direktórium további tevékenységei közé tartozott a munkások művészi nevelését célzó múzeumi tanfolyamok szervezése. Ennek keretében a Szépművészeti, a Nemzeti és az Iparművészeti Múzeum muzeológusait kötelező jelleggel felkérték, hogy tartsanak művészettörténeti előadásokat a munkásosztály tagjainak. [31. kép] Hoffmann Edith úgy emlékezett vissza[52] ezekre, hogy bár a rendszer eszméivel és a műtárgyak rekvirálásával nem értett egyet, az előadásokat örömmel megtartotta, mivel hasznosnak vélte őket, egyúttal örömmel beszélt az érdeklődőknek szeretett hivatásáról. A politikai események alakulása mellett a múzeumban tovább folyt a szakmai munka. Petrovics Elek főigazgató 1919. április 22-i levelében javaslatot tett a Közoktatásügyi Népbiztosságnak a Modern Képtár átrendezésére, a termek kifestésére, és kérvényezte az ehhez szükséges költségek megtérítését.[53] Miután a kért összeget Antal Frigyes jóváhagyta és utalványozta, júniustól a kiállítás bezárt az átalakítás idejére. Ettől függetlenül a múzeum más tárlatai továbbra is látogathatók maradtak, illetve a muzeológusok is végezték gyűjteményi munkájukat. A Petrovics-féle újrarendezést követően a nagyközönség számára a 19. századi magyar művészet fejlődését bemutató Modern Képtár 1920 júniusában[54] nyílt meg újra, ahol a XVII. teremben kaptak helyet a legújabb nemzedék törekvéseit bemutató alkotások.[55]

Hontalanul (1919. november 30. – 1921. január)

A román hadsereg előrenyomulását megállítani akaró ellentámadás összeomlása után a Forradalmi Kormányzótanács augusztus elsejével lemondott, vezetői Bécsbe menekültek, s ezzel véget ért a Tanácsköztársaság. A politikai instabilitás mellett megkezdődtek az átfogó vizsgálatok és felelősségre vonások. Ez alól a Szépművészeti Múzeum sem volt kivétel. Augusztus végén a vallás- és közoktatásügyi miniszter vizsgálatot rendelt el[56] arra vonatkozóan, hogy a múzeum tisztviselői milyen magatartást tanúsítottak a tanácskormány időszaka alatt. Ennek részeként[57] a miniszter fegyelmi eljárást indított Pogány Kálmán és Wilde János ellen, és ideiglenesen felfüggesztette őket állásukból. Emellett a múzeum több alkalmazottját kikérdezték, köztük olyanokat is, akik nem vállaltak aktív szerepet az elmúlt hónapokban. Az eljárás eredményeként 1920 szeptemberében Pogány Kálmánt – aki 1919 májusától a Vörös Hadsereg előbb ezred-, majd dandárcsoport-parancsnokaként vett részt a csehszlovák csapatokat a Felvidék egy jelentős részéről sikeresen visszaszorító hadműveletekben – elbocsátották múzeumi állásából, és idő előtt nyugdíjazták.[58] A meglepően enyhe ítélet Petrovics Elek közbejárásának[59] is köszönhető volt, aki vallomásában hangsúlyozta, hogy Pogány szívén viselte a múzeum érdekeit a direktórium működése alatt.[60] Wilde János ugyan megtarthatta állását, de hat évre megvonták tőle az előléptetés lehetőségét, és a miniszter tervbe vette áthelyezését más intézménybe.[61] Erre nem került sor, mivel Wilde Bécsbe távozott, és 1920 októberétől hat hónapos fizetés nélküli szabadságot kért, amelyet később többször meghosszabbított. Végül 1922 decemberében miniszteri rendelettel bocsátották el a Szépművészeti Múzeum alkalmazásából.[62]

56 SZM Irattár, 547/1919.
57 SZM Irattár, 688/1919.
58 Határozat a Szépművészeti Múzeum dolgozói ellen folytatott fegyelmi vizsgálatok ügyében. In: Gerelyes 1967. 365–367. A vallás- és közoktatásügyi miniszter levele a budapesti királyi ügyészséghez, melyben közli, hogy dr. Pogány Kálmán és dr. Wilde János ellen lefolytatott fegyelmi eljárásra vonatkozó ügyiratokat megküldi. In: *A magyar Tanácsköztársaság képzőművészeti élete* 1960. 159–160.
59 Szabó 1973. 205.
60 Dr. Petrovics Elek vallomása a Szépművészeti Múzeum dolgozóinak a Tanácsköztársaság alatti magatartásáról. In: Gerelyes 1967. 336.
61 SZM Irattár, 517/1920. Határozat a Szépművészeti Múzeum dolgozói ellen folytatott fegyelmi vizsgálatok ügyében. In: Gerelyes 1967. 365–367. A vallás- és közoktatásügyi miniszter levele a budapesti királyi Ügyészséghez, melyben közli, hogy dr. Pogány Kálmán és dr. Wilde János ellen lefolytatott fegyelmi eljárásra vonatkozó ügyiratokat megküldi. In: *A magyar Tanácsköztársaság képzőművészeti élete* 1960. 161.
62 SZM Irattár, 1920/1922.

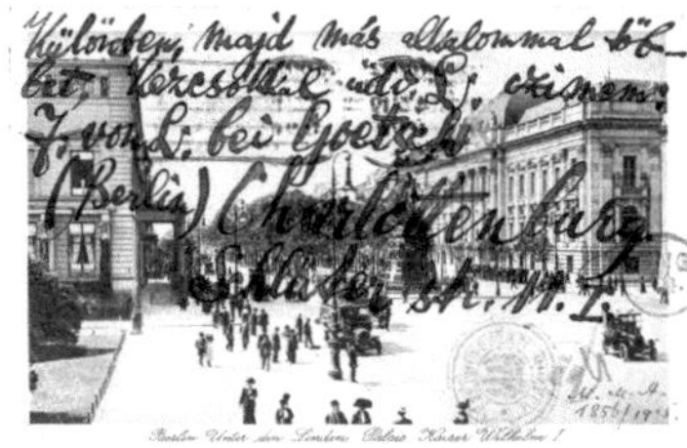

16. Nemes Lampérth József képeslapja
Berlinből Hoffmann Edithnek |
Postcard from József Nemes Lampérth
to Edith Hoffmann, Berlin, 1919

Az országos vizsgálatok és számonkérések a művészeket is érintették. 1919. október 31-én Nemes Lampérth Józsefet is beidézte és kihallgatta a budapesti rendőrség.[63] Itt elismerte, hogy a Művészeti Direktórium révén az állam vásárolt tőle műveket, illetve hogy a Proletár Képzőművészeti Tanműhely tanáraként foglalkoztatták. Tagadta azonban, hogy a műtárgyakat szocializáló bizottságnak tagja lett volna, vagy bármit tudna ezzel kapcsolatban. A felhozott vádakat azzal magyarázta, hogy az ellene tanúskodókkal nem egyezett a művészeti nézetük. További kihallgatására már nem került sor, mert félve az esetleges megtorlástól, 1919. november közepén külföldre távozott, így a rendőrségi nyomozó hiába kereste Dohány utcai lakásán. November 30-án érkezett Berlinbe, ahol újból küzdelmes élet és rengeteg munka várt rá. Az itt töltött hónapok alatt a Budapesti Államügyészség 1920. február 17-i határozata alapján megszüntették ellene a nyomozást,[64] mivel bűnösségét nem találták bizonyíthatónak.

A Szépművészeti Múzeum kollégái az emigrációban is igyekeztek támogatni a nehéz sorsú festőt. Hoffmann Edith, a Grafikai Osztály munkatársa számára rendszeresen küldött levelei, [16., 32. kép] átfogó képet nyújtanak a művész mindennapjairól: részletesen beszámolt a várossal kapcsolatos benyomásairól, múzeumi élményeiről és aktuális lelkiállapotának változásairól. Emellett szakmai terveibe is beavatta: hangsúlyozta, hogy bár legszívesebben figurális stúdiumokat festene, de szűkös anyagi lehetőségei miatt kénytelen tájképekkel és architektonikus dolgokkal foglalkozni. Célul tűzte ki, hogy elkészíti az 1912–1913-as tájképproblémáinak „teljes és nagyszabású megoldását".[65] Mindennapi élete és művészi tervei mellett további részletek is kiolvashatók leveleiből; képet kapunk túlhajszolt,

63 Nemes Lampért [sic!] József festőművész kihallgatása a budapesti államrendőrségen. In: *A magyar Tanácsköztársaság képzőművészeti élete* 1960. 162–163.
64 *A magyar Tanácsköztársaság képzőművészeti élete* 1960. 210.
65 Nemes Lampérth József levele Hoffmann Edithnek. Berlin, 1919. december 23. SZM–KEMKI ADT, 19303/1976, közölve: Horváth 1960.

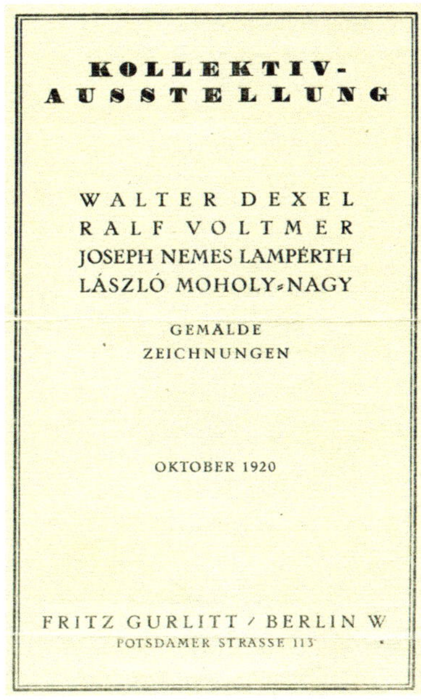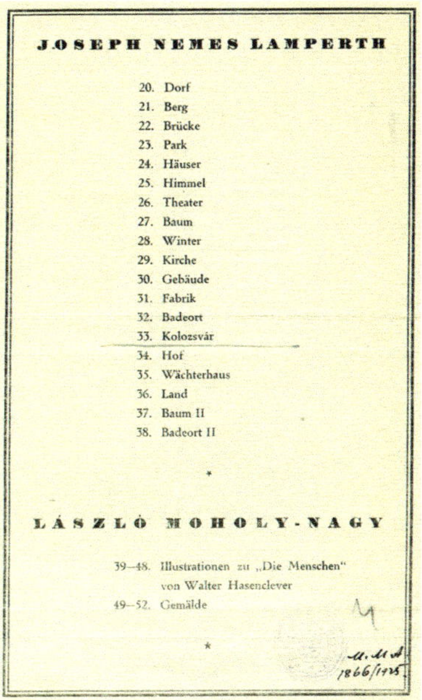

17. A berlini Galerie Gurlitt kollektív kiállítási katalógusa | Catalogue of the group exhibition of Galerie Gurlitt, Berlin, 1920

szinte mániákus munkatempójáról, és a megélhetéséért folytatott küzdelméről. Távlati céljai között szerepelt, hogy kiállítási lehetőséghez jut, illetve nevet szerez magának a német fővárosban. Türelmetlenül, sokszor elkeseredetten várta az esélyt az érvényesülésre. Kitartó munkájának végül meglett az eredménye. Az 1920 márciusában kapott ígéretet követően, októberben a Galerie Gurlittban rendezett kollektív tárlaton mutatta be tizenkilenc művét,[66] amelyeket már Berlinben készített. [17. kép] Ezekre a nagy méretű, színes tussal festett alkotásaira úgy tekintett, mint korábbi tájkompozícióinak nagyobb szabású megoldásaira, végső, kiérlelt változataira.[67] Bár berlini időszakában elsősorban színes tussal dolgozott,[68]

66 *Kollektiv Ausstellung Walter Dexel, Ralf Voltmer, Joseph Nemes Lampérth, László Moholy-Nagy.* Galerie Fritz Gurlitt. Berlin, 1920. október SZM–KEMKI ADK, 1866/1925.
67 Nemes Lampérth József levele Hoffmann Edithnek, Berlin, 1920. május 30. SZM–KEMKI ADK, 1865/1925, közölve: Horváth 1960.
68 Berlini tartózkodása alatt egyáltalán nem készített olajfestményt a hozzá való anyagok drágasága miatt. Ezt az okot saját maga fogalmazta meg levelében. Lásd SZM–KEMKI ADK, 1865/1925.

az új környezet új grafikai technikák kipróbálására inspirálta. Litográfiákat[69] és rézkarcokat készített, amelyekről lelkesen számolt be leveleiben. Hoffmann Edithhez, és rajta keresztül a Szépművészeti Múzeumhoz annyira ragaszkodott, hogy *Tájkép* (27. kat. sz.) és *Önarckép*[70] (26. kat. sz.) című litográfiáinak egy-egy példányát ajándékként elküldte a múzeum Grafikai Osztályának 1920 augusztusában. Női aktokat ábrázoló rézkarcait (28., 29. kat. sz.) egy évvel később, 1921. október 15-én vásárolta meg tőle az intézmény (200 + 200 korona értékben). Bár ez utóbbi művei nem érik el tusrajzainak színvonalát, feltehetően ezzel a vásárlással is igyekeztek támogatni az ekkorra már idegileg megroppant művészt.

A berlini kiállításon való szereplése új utakat nyitott meg Nemes Lampérth számára. Itt ismerkedett meg Alfred Gustav Ekström svéd gyűjtővel, aki el volt ragadtatva műveitől.[71] Több tusfestményét megvásárolta, egyúttal nagyvonalúan meghívta Stockholm melletti, Saltsjöbadenben található házába. Közvetlenül a kiállítás után Nemes Lampérth elutazott és október utolsó napjaiban érkezett meg a svéd városkába. Bár házigazdája minden eszközt biztosított számára, a nyugodt környezet mégsem tett jót a festőnek. A berlini hónapok megfeszített munkatempója, a rengeteg nyomor és éhezés következtében legyengült idegrendszere nem bírta a megterhelést. Visszatérő depressziós periódusai után itt került sor a végső összeroppanásra. Dühkitörései és agresszivitása miatt nem élvezhette hosszan a család vendégszeretetét. December közepén visszautazott Berlinbe, majd Bécs érintésével hazatért Magyarországra.

69 Nemes Lampérth József levelezőlapja Hoffmann Edithnek. Berlin, 1920. február 9. SZM–KEMKI ADK, 1860/1925, közölve: Horváth 1960.

70 Bár a litográfia *Férfiarckép* címen került a leltári naplóba és a művésznek küldött köszönőlevelében is így hivatkoznak a műre, Hoffmann Edithnek küldött levelezőlapján Nemes Lampérth maga említi, hogy önarcképről van szó. Arról is beszámol, hogy 1920. február 19-én látta a próbanyomatot és ekkor a követ is korrigálta. Nemes Lampérth József levelezőlapja Hoffmann Edithnek, 1920. február 19. SZM–KEMKI ADK, 1860/1925.

71 Moholy-Nagy László levele Hoffmann Edithnek, Berlin, 1921. január 2. SZM–KEMKI ADK, 1884/1925.

Utolsó évek (1921. január – 1924. május)

1921 januárjában, Pestre érkezését követően bekerült az Angyal-
földi Elmegyógyintézetbe,[72] ahol kezdetét vette több hónapos
gyógykezelése. [18. kép] Pszichés állapota miatt ekkor még job-
ban rászorult barátai segítségére, akik igyekeztek minden téren
támogatni. Együttesen próbálták felkutatni Bécsben hagyott al-
kotásait és személyes holmiját, amelyekről a zavart elméjű festő
nem tudott számot adni. Hoffmann Edith, Wilde János, Wilde
Ferenc és Moholy-Nagy László élénk levelezést folytattak isme-
rőseikkel annak érdekében, hogy előkerítsék elhagyott tárgyait.
Ezeket végül január utolsó napjaiban Moholy-Nagy László ta-
lálta meg, bécsi tartózkodása alatt.[73] Moholy minden más téren
is próbálta segíteni festőtársát. Hoffmann Edithnek írt meleg
hangú leveleiben szinte testvéri gondoskodásról, szeretetről és
felelősségvállalásról tett tanúságot, aggodalmát fejezte ki ba-
rátja állapotával és anyagi helyzetével kapcsolatban. Utóbbira
igyekezett hosszú távú megoldást találni Nemes Lampérth fest-
ményeinek és rajzainak svédországi eladásával.

Az angyalföldi intézetben töltött hónapok alatt a festő dep-
resszív, letargikus hangulata csak lassan javult. Családja és
ismerősei rendszeresen látogatták, és a gyorsabb gyógyulás
reményében megpróbálták átszállíttatni a jó nevű Moravcsik-
klinikára.[74] Múzeumi barátai közül ekkoriban Hoffmann Edith
tette érte a legtöbbet. Rendszeresen leveleztek, de személyesen
is látogatta és segítette a mindennapokban. Így nem meglepő,
hogy a tervezett intézeti átszállítás kapcsán a Lampérth család
őt kérte meg, hogy jelenlétével támogassa Józsefet az átköltö-
zéskor. Bár az áthelyezés végül nem valósult meg, ez az eset is
mutatja, hogy milyen bizalommal viseltetett a festő pártfogója

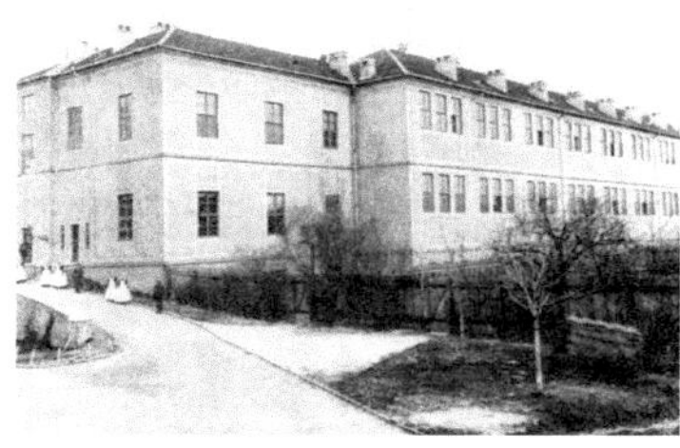

18. Az Angyalföldi Elmegyógyintézet |
Angyalföld Psychiatric Clinic, 1904

72 A mai Róbert Károly körút és Lehel utca
sarkán álló egykori épületet az 1980-as évek-
ben lebontották. Jogutódja a Nyírő Gyula
Kórház Elme- és Idegosztálya.
73 Moholy-Nagy László levele Hoffmann
Edithnek, Bécs, 1921. február 1. SZM–KEMKI
ADK, 1889/1925.
74 A mai Semmelweis Egyetem – Pszichiát-
riai és Pszichoterápiás Klinika, amit egykor
Moravcsik-klinikának neveztek megtervezője
és első igazgatója, Moravcsik Ernő Emil után.

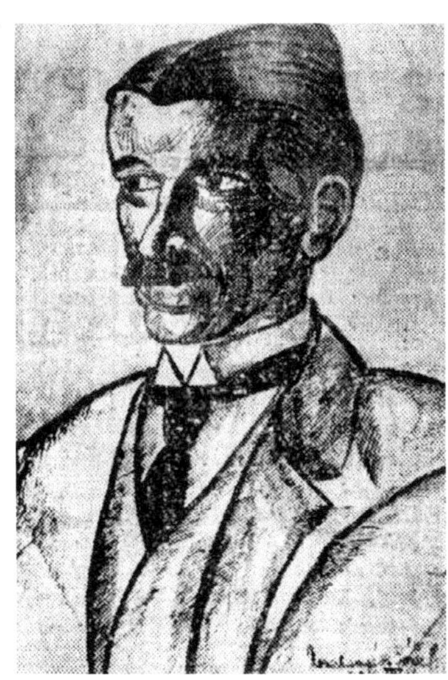

19. Nemes Lampérth József:
Selig Árpád (az Angyalföldi
Elmegyógyintézet osztályvezető
főorvosa) | József Nemes Lampérth,
Dr Árpád Selig (Department Head
at the Angyalföld Psychiatric Clinic),
1921–1922

iránt. Az intézet is minden eszközzel igyekezett előmozdítani gyógyulását. Ám hiába biztosították számára a szükséges felszerelést, állapota miatt – és saját bevallása szerint – szinte képtelen volt a munkára. Próbálkozásának eredménye az a kevés fennmaradt grafika, amelyek elsősorban a kórházi környezethez köthetők – a dolgozókról vagy a kórház épületéről készült rajzok (31. kat. sz.). [19., 33. kép] E művei azonban „kizárólag indulatainak grafikonjai",[75] a korábbi alkotások szerkezeti feszültsége már hiányzik belőlük. Csupán a fekete tus mögé bújtatott letargia és szomorúság érződik rajtuk.

Nemes Lampérth József a kapott segítséget igyekezett viszonozni; barátai törődését a számára legfontosabbal, műveinek ajándékozásával köszönte meg:[76] ezekre a művekre gyakran az ajándékozottnak szóló üzenetet írt. Személyes kapcsolatai mellett a múzeumnak is rendszeresen küldött alkotásaiból. Utolsó alkalommal 1922. január 26-án *Házfalak* (24. kat. sz.) című grafikáját, majd áprilisban *Önarckép* (8. kat. sz.) című tusrajzát ajándékozta az intézménynek. Mindkettőt „szóval" köszönte meg Hoffmann Edith.

Az angyalföldi intézetben tapasztalt körülmények nagyon megviselték a festő érzékeny idegrendszerét, így érthető örömmel számolt be barátjának,[77] amikor 1922. március 25-én elhagyhatta a kórházat. Kezdeti lelkesedése hamar lelohadt, munkakedve nem tért vissza, egyúttal jelentkeztek korábbi hallucinációi és hangulatingadozásai, amelyek egy idő után környezete számára is ijesztővé váltak.[78] Barátai végül belátták, hogy folyamatosan romló állapotából kifolyólag állandó orvosi segítségre van szüksége. Ekkor „egy barátja vitte föl hozzá az egyik orvost, aki az István úti szanatóriumba vitte. Onnét átszállították a Moravcsik klinikára, s onnét 1,5 nap múlva ide [budapesti

75 Pátzay 1924. 355.
76 Hoffmann Edith, Pogány Kálmán, Wilde János, Wilde Ferenc, Pátzay Pál rendelkeztek Nemes Lampérth-alkotásokkal, amelyek közül többet ajándékként kaptak a művésztől.
77 Nemes Lampérth József levele Wilde Jánosnak, Budapest, 1922. március 28. MTA – HUN-REN BTK MI, Adattár, MKCS-C-I-77/1920.
78 Pátzayné Liebermann Lucy szóbeli közlése. Forrás: Pertorini–Szíj 1966. 401.

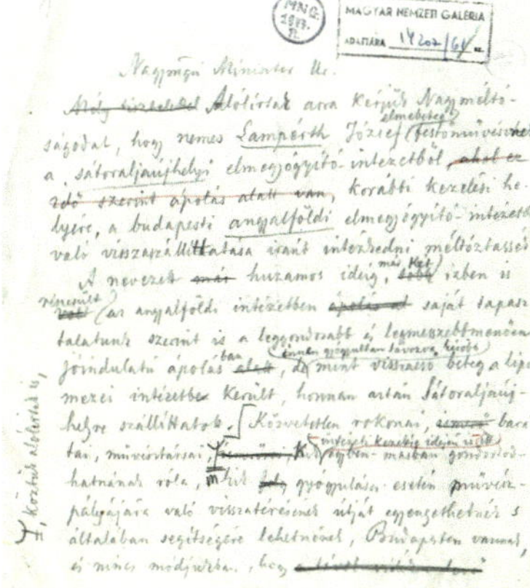

20. A Nemes Lampérth József Budapestre történő áthelyezéséről szóló kérvénytervezet, 1924. február 22. | Draft of the petition to have József Nemes Lampérth transferred back to Budapest, 22 February 1924

Lipótmezei magyar királyi állami elmegyógyintézet] hozták, mert ott verekedett."[79] Nemes Lampérth november 17-én került be a lipótmezei elmegyógyintézetbe, ahol paranoid skizofréniával (*Schrizophrenia paranoides*) diagnosztizálták. Barátai és orvosai együttes erővel próbálták hozzásegíteni, hogy újra alkotásaiba tudja irányítani belső feszültségét. Ám erre a festő már képtelen volt, több műve ezután már nem készült. A korábban is jelentkező agresszív időszakok és apátiás periódusok hangulatingadozásai mindennapjainak részévé váltak. Hallucinációiból fakadó dühe és gorombasága sokszor kezelőorvosai, ápolói és barátai ellen fordult, akik ennek ellenére kitartottak mellette. Ezt mutatja az is, hogy az intézet kórlapján hivatalosan értesítendő személynek barátja, Walleshausen Zsigmond festő volt megjelölve, illetve Hoffmann Edith is többször meglátogatta. Javulás hiányában 1923. május 16-án átszállították a sátoraljaújhelyi Erzsébet Közkórház elmeosztályára. Barátai

79 Budapest – Lipótmezei magyar királyi állami elmegyógyintézet kórlapjának másolata. MTA – HUN-REN BTK MI, Adattár, Mezei Ottó-hagyaték.

21. Minisztériumi engedély Nemes Lampérth József Budapestre történő átszállításáról, 1924. május 2. | Ministerial permission to have József Nemes Lampérth transferred back to Budapest, 2 May 1924

80 Miniszteri kérvény levéltervezete, SZM–KEMKI ADK 14207/61.
81 Pátzay 1924.
82 *Nemes Lampérth emlékkiállítás*. Katalógus. Magyar Nemzeti Galéria, Budapest, 1963; Nemes Lampérth emlékkiállítása. *István Király Múzeum közleményei* 25, 1963; Molnár 1967.

ekkor is küzdöttek érte, mindent megtettek, hogy visszajuttassák Budapestre. Hoffmann Edith, Pátzay Pál, Kmetty János miniszteri kérvényt fogalmazott az áthelyezésről, amelyet közösen írtak alá, és külön ajánló sorokkal egészített ki Petrovics Elek.[80] [20. kép] Nemes Lampérth örömmel értesült a kezdeményezésről. Walleshausen Zsigmondnak küldött utolsó ismert leveleiben reményét fejezte ki, hogy minél hamarabb megtörténik az áthelyezés. Egyúttal bocsánatot kért korábbi goromba viselkedéséért. A hivatalos ügymenet azonban túl lassúnak bizonyult. Bár 1924. május 2-i dátummal megérkezett a miniszteri tanács engedélye az angyalföldi elmegyógyintézetbe történő átszállításról [21. kép], erről Nemes Lampérth már nem szerzett tudomást. 1924. május 19-én, életének harmincharmadik évében meghalt Sátoraljaújhelyen. Haláláról a korabeli újságok nem emlékeztek meg, így ismét barátai „siettek a segítségére", még egyszer, utoljára. Az egykori „felfedezőjének", Pogány Kálmánnak a szerkesztésében megjelenő *Ars Una* című folyóiratban közöltek egy hosszabb megemlékező cikket, amelyben barátja, Pátzay Pál foglalta össze életének és művészetének jelentős állomásait.[81] Ezzel hosszú időre elfeledték Nemes Lampérth emlékét, és csak a hatvanas évek elején, Patakyné Molnár Zsuzsa által kezdett alapos kutatás és feldolgozó munka révén került be újra a magyar művészeti kánonba.[82]

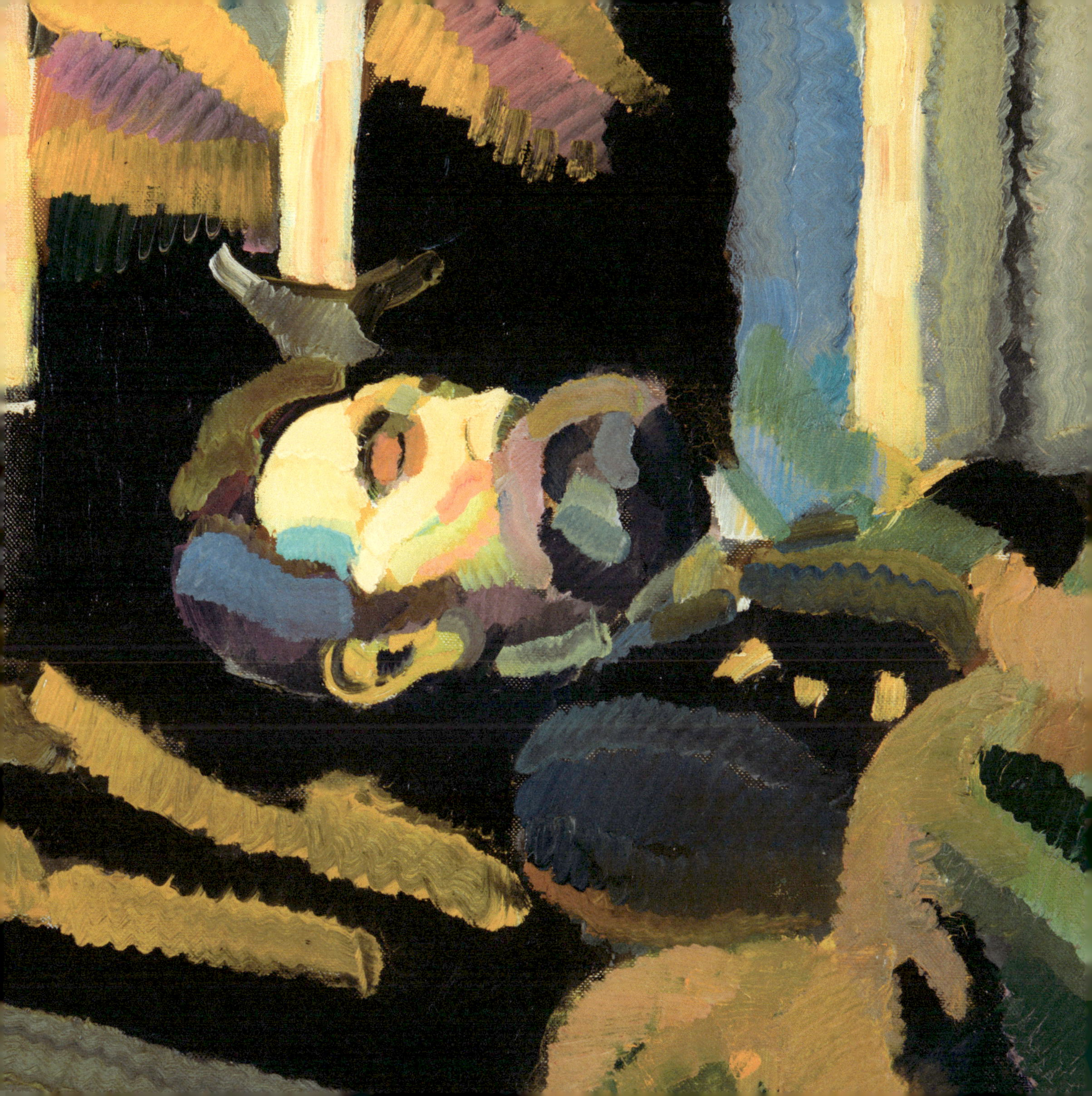

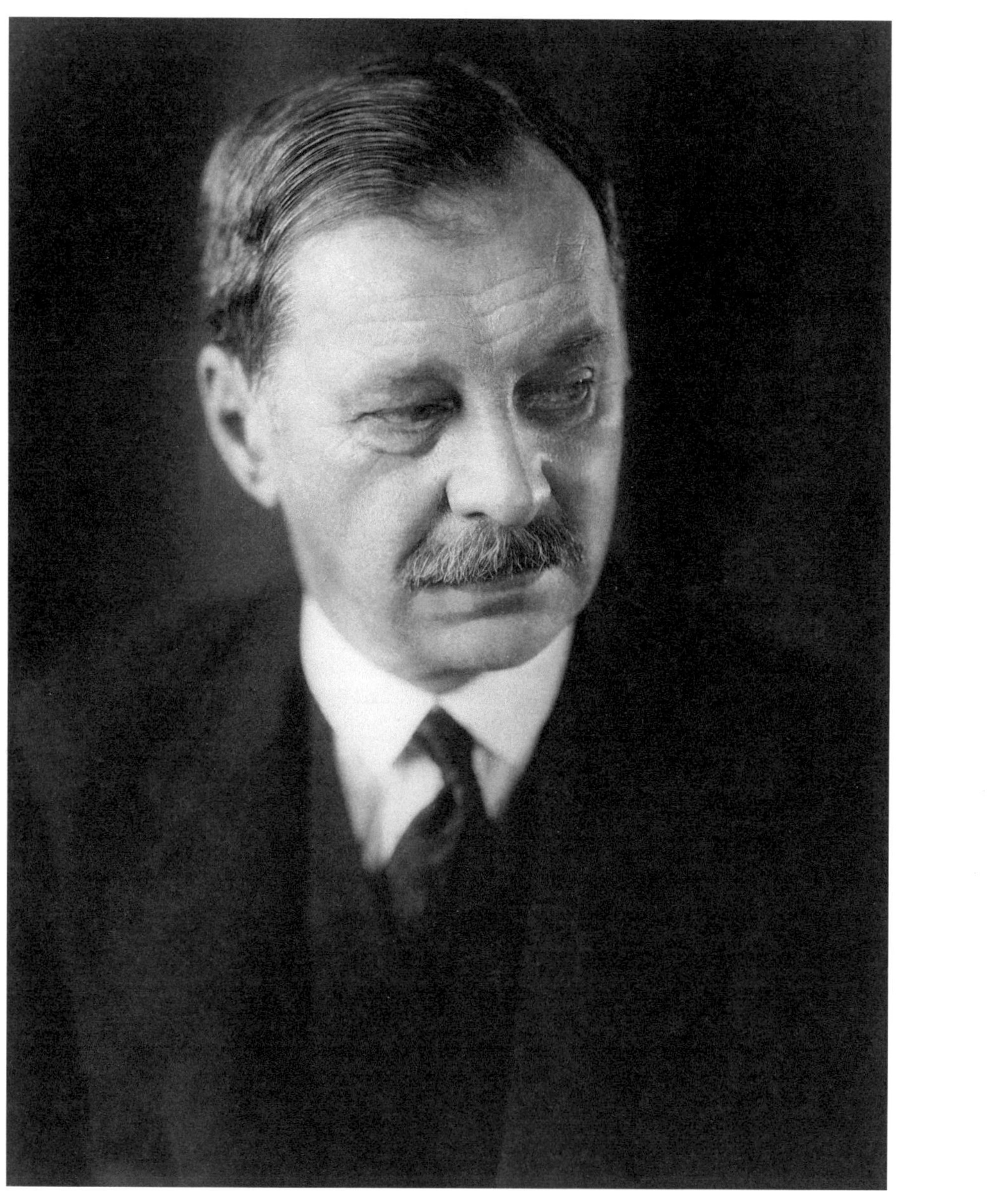

Dr. Petrovics Elek

(Deregnyő [Drahňov, Szlovákia], 1873 – Budapest, 1945)
a Szépművészeti Múzeum igazgatója, majd főigazgatója; művészeti író

Gyerekkorától fogva vonzotta a művészet világa – iskolás évei alatt maga is festett és írt[1] –, végül azonban a jogi egyetemre iratkozott be. 1896-ban megszerezte államtudományi doktori oklevelét, majd a belügyminisztérium tisztviselőjeként kezdett dolgozni. A művészetektől azonban nem tudott teljesen elszakadni, képzőművészeti könyveket olvasott, kiállításokra járt, kritikákat írt és egyre több barátot szerzett a festők köréből.[2] Élete folyamán személyes jó barátaivá váltak a kor kiemelkedő alkotói: Rippl-Rónai József, Kernstok Károly és Ferenczy Károly. 1914-ben Petrovicsot Majovszky Pál[3] javaslatára nevezték ki a Szépművészeti Múzeum igazgatójává,[4] majd 1921-től főigazgatójává, amely tisztséget 1935-ig töltötte be. Igazgatása alatt a múzeum az egyik fénykorát élte. A múzeum vezetőjeként mindent megtett a gyűjtemények gyarapításáért, és kiváló érzékkel válogatta az újonnan bekerülő műtárgyakat.

Nemes Lampérth Józseffel való kapcsolatáról csupán egyetlen újévi üdvözlőlap tanúskodik,[5] ennek ellenére vitathatatlan, hogy a festő szakmai munkásságát elismerte. Nemes Lampérth maga számolt be[6] barátjának, Wilde Jánosnak arról, hogy Petrovics igazgató úr megvásárolta *A Gellérthegy lejtőjén* (19. kat. sz.) című festményét 1917 júniusában a Nemzeti Szalonban megrendezett csoportkiállításon. Emellett a festő barátainak írt leveleiben mindig nagy tisztelettel emlegette az igazgatót.

---

1 Molnos Péter: Petrovics Elek (1873–1945). *Enigma*, 47. sz. 2006. 219–242.

2 Uo.

3 1894 és 1917 között a Vallás- és Közoktatásügyi Minisztérium művészeti ügyosztályának munkatársa, majd vezetője.

4 Szépművészeti Múzeum (SZM), Irattár 484/1914.

5 Nemes Lampérth levelezőlapja Petrovics Eleknek 1917. december 30. MTA – HUN-REN Bölcsészettudományi Kutatóközpont Művészettörténeti Intézet, Adattár (MTA – HUN-REN BTK MI, Adattár), MKCS-C-I-169/164.

6 Nemes Lampérth levele Wilde Jánoshoz, 1917. június 23. MTA – HUN-REN BTK MI, Adattár, MKCS-C-I-77/1864.

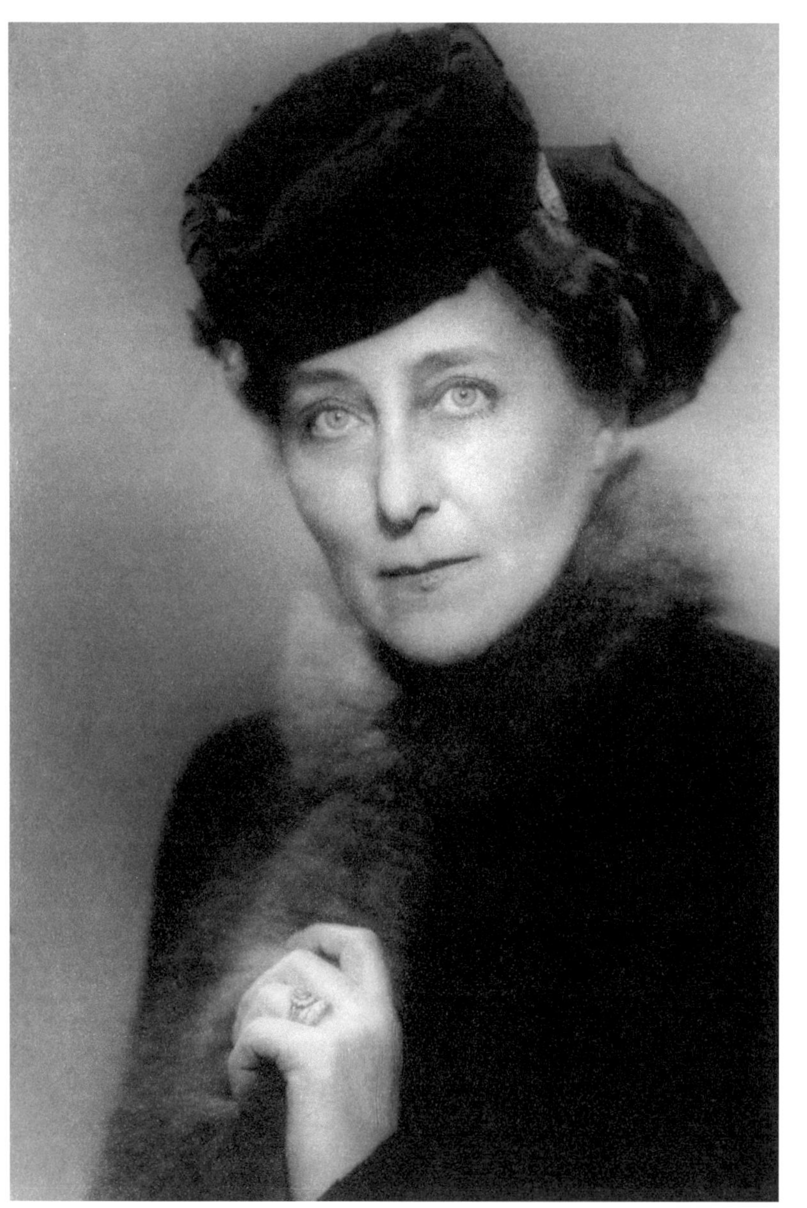

Dr. Hoffmann Edith

(Brassó [Braşov, Románia], 1888 – Budapest, 1945)
a Szépművészeti Múzeum Grafikai osztályának vezetője; művészettörténész, muzeológus

Egész életét egyetlen eszmének, a múzeum és tudomány szolgálatának szentelte. Már a kezdetekkor, egyetemi felvételijének idején is az a kizárólagos cél lebegett a szeme előtt, hogy kiváló művészettörténésszé váljon.[7] A bécsi és a Budapesti Tudományegyetemen folytatott tanulmányait követően 1910-ben doktorált, majd a Magyar Nemzeti Múzeum gyakornokaként kezdett dolgozni. Meller Simon hívására 1913-ban érkezett a Szépművészeti Múzeumba, ahol 1920-ig a Grafikai Osztály muzeológusa, majd 1921-től osztályvezetője lett. Kezdetben a metszetgyűjtemény feldolgozásával foglalkozott, később érdeklődése a 19. századi magyar festészet felé fordult. 1921-től a Corvina-kódexek miniatúráinak feldolgozása került kutatásának középpontjába. 1936-tól az intézmény igazgatóhelyettesévé nevezték ki, amely posztot haláláig betöltötte. A második világháború embert próbáló időszakában is minden erejével a gyűjteményt igyekezett megvédeni. Utolsó, tragikus útján is a múzeumba sietett, amikor egy katonai teherautó halálra gázolta.

Művészekkel folytatott levelezésének részeként fent maradtak Nemes Lampérth József 1919. december és 1924 között írt levelei, képeslapjai. Ezek a festő emigrációját követő időszakról nyújtanak beszámolót, mintegy írásos lenyomatai küzdelmének, amelyet a mindennapi megélhetésért és művészi elismeréséért vívott Berlinben, illetve dokumentálják idegi összeomlását és életének utolsó éveit. Bepillantást engednek abba a baráti kapcsolatba is, amelyben Nemes Lampérth minden körülmények között számíthatott Hoffmann Edith segítségére és támogatására – legyen szó eltűnt csomagjainak felkutatásáról, vagy a budapesti intézetbe történő visszahelyeztetéséről.

---

7 *Dr. Hoffmann Edith Emlékkiállításának katalógusa*, Budapest, 1948.

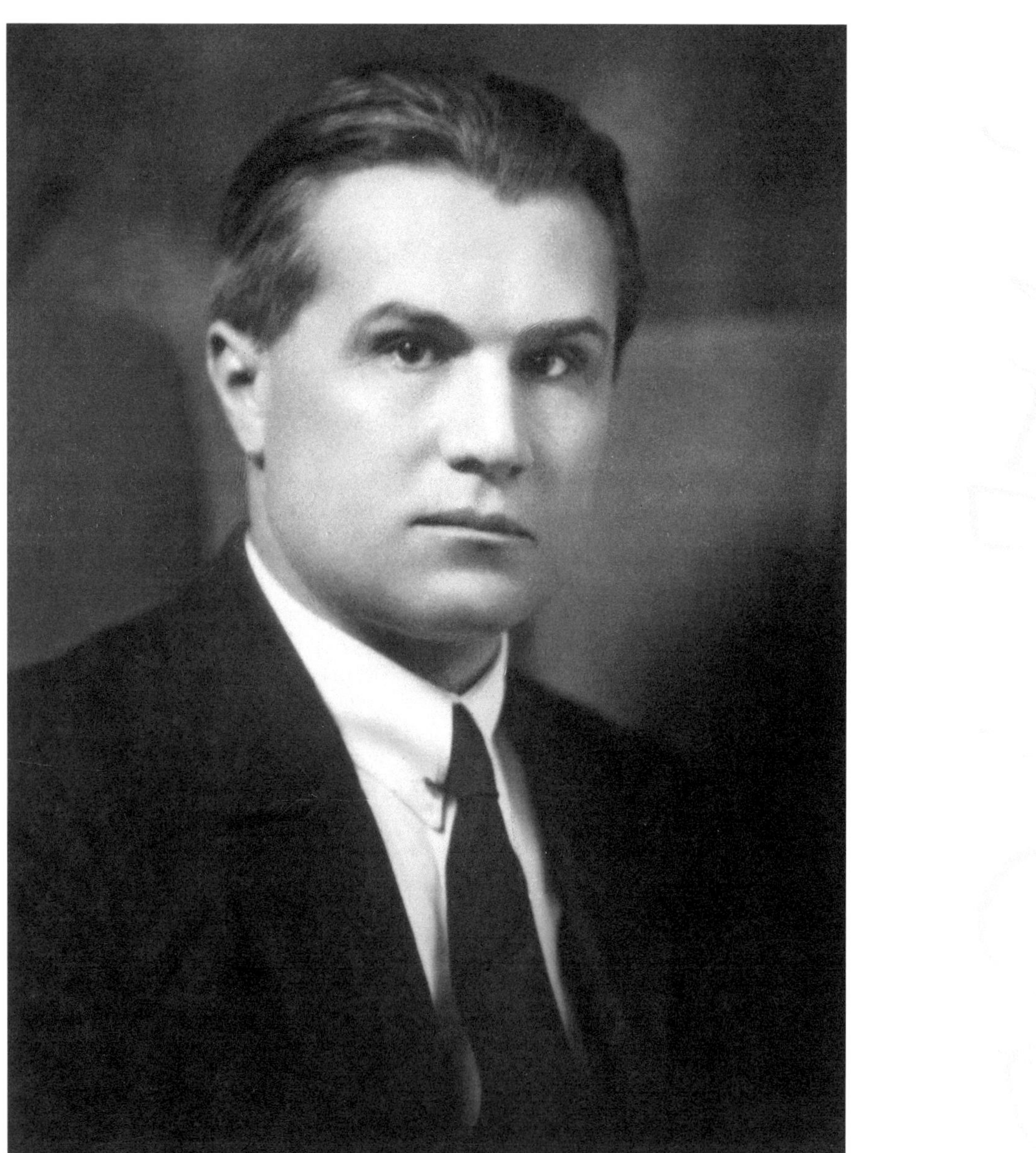

Dr. Pogány Kálmán

(Pelsőc [Plešivec, Szlovákia], 1882 – Budapest, 1951)
művészettörténész, az *Ars Una* című folyóirat szerkesztője

Hivatásszeretete, lelkesedése és a művészetek iránti szenvedélye vitathatatlan volt. Ezt nemcsak felettese, Petrovics Elek ismerte el,[8] hanem Pogány tetteivel is bizonyította, amikor élete kockáztatásával 1918. december 27-én a magyar állam Kolozsváron lévő letétképei közül a húsz legjelentősebb festményt Budapestre menekítette a megszálló román csapatok elől.[9] A Budapesti Tudományegyetem elvégzését követően 1908 márciusától dolgozott a Szépművészeti Múzeumban, kezdetben gyakornokként, majd 1915-től muzeológusi beosztásban. A Tanácsköztársaság kezdetén a Művészeti és Múzeumi Direktórium elnökének nevezték ki: részt vett a magántulajdonban lévő műkincsek államosításában, valamint az ezekből rendezett *A köztulajdonba vett műkincsek első kiállításának* megszervezésében. 1919 májusától a Vörös Hadsereg előbb ezred-, majd dandárcsoport-parancsnokaként részt vett a csehszlovák csapatokat a Felvidék egy jelentős részéről sikeresen visszaszorító hadműveletekben. A Tanácsköztársaság bukását követően, hosszas eljárás után, 1920 szeptemberében idő előtti nyugdíjazással elbocsátották múzeumi állásából. Ezután folyóiratokban publikált, különböző magángyűjtemények szakleltárainak készítésével foglalkozott, illetve 1923–1924 között az *Ars Una* című folyóiratot szerkesztette.

Nemes Lampérth József számára Pogány Kálmán nemcsak jóbarát volt, hanem egyfajta mentor szerepet is betöltött. Ő fedezte fel a fiatal festő tehetségét a „Szépi",[10] vagyis a Szépművészeti Múzeum könyvtárának olvasótermében az 1910-es évek elején, majd ő mutatta be kollégáinak. Pogány a későbbiek során is segítette a nélkülöző festőt, ruhát, ételt adott neki. Emellett művészetét is maximálisan elismerte, és oly nagyra tartotta, hogy benne látta „a magyar festészet és rajzművészet fejlődésének útját".[11]

---

8 Dr. Petrovics Elek vallomása a Szépművészeti Múzeum dolgozóinak a Tanácsköztársaság alatti magatartásáról. 1919. szeptember 26. In: Gerelyes 1967. 336–339.

9 Szabó 1973. 204.; Murádin Jenő: Állandósult ideiglenes veszteségek – Az országos képtár gyűjteményéből vidékre kölcsönzött művek sorsa – I. rész: Kolozsvár, Erdélyi Nemzeti Múzeum. *MúzeumCafé*, 7. évf. 2013/6. január–február. 36.

10 Wilde Ferenc levele Molnár Zsuzsának. 1962. november 29. MTA – HUN-REN BTK MI, Adattár, MKCS-C-I-77/1752.

11 Szabó 1973. 210.

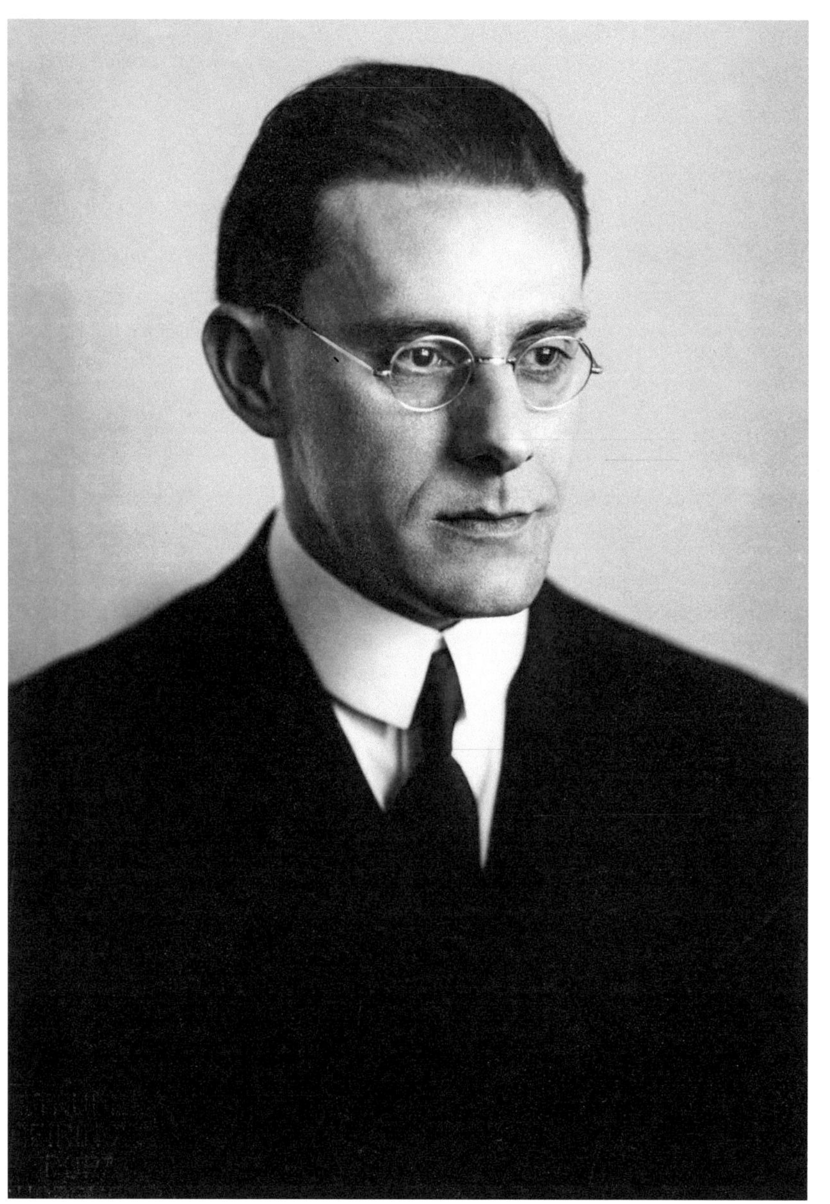

Dr. Wilde János
(Budapest, 1891 – Dulwich, Anglia, 1970)
művészettörténész, egyetemi tanár

Kiemelkedő művészettörténészi tehetségét, alapos felkészültségét már fiatal korában is elismerték. Bécsben és Budapesten folytatott egyetemi tanulmányait követően 1913-tól a Szépművészeti Múzeum önkéntes gyakornokaként dolgozott. 1915–1917 között a bécsi egyetemen végezte a doktori képzést, ahol 1918 nyarán szerezte meg oklevelét. Októberben segédmuzeológussá nevezték ki a múzeumban, Petrovics Elek igazgató javaslatára. 1919-ben, a Tanácsköztársaság idején tagja lett a Múzeumi Direktóriumnak, illetve a Műkincseket Társadalmasító Bizottságnak. Részt vett a magántulajdonban lévő műtárgyak államosításában és az ezekből összeállított *A köztulajdonba vett műkincsek első kiállításá*nak megszervezésében. A Tanácsköztársaság bukását követően korábbi tevékenységéért hat évre megvonták tőle az előléptetés lehetőségének jogát.[12] 1920 júniusában Bécsbe költözött, majd októbertől hat hónapos fizetés nélküli szabadságot kért a múzeumban, amit a későbbiek során többször hosszabbított. 1923 és 1938 között a Kunsthistorisches Museum munkatársa volt, majd Angliába költözött, és ott élt haláláig.

Nemes Lampérth Józseffel Pogány Kálmán révén ismerkedett meg, szintén a Szépművészeti Múzeum könyvtárában. Az ismeretségből tartós és mély barátság született, amely a festő életének utolsó pillanatáig kitartott. Wilde mind anyagi, mind eszmei téren támogatta barátját, igyekezett mindent megadni neki, ami erejéből telt. Testvére, Wilde Ferenc révén fennmaradt levelezésének köszönhetően jól dokumentált kettejük barátságának fokozatos mélyülése. A levelek és a képeslapok Nemes Lampérth életének részleteibe is bepillantást engednek.

---

12 SZM Irattár 517/1920.

Nemes Lampérth József életrajza

1891
szeptember 13. | Nemes Lampérth József megszületik.

1907–1911
A Székesfővárosi Iparrajziskola tanulója.

1908–1910
Az Országos Magyar Királyi Iparművészeti Iskola tanulója.

1910
november | Részt vesz a Művészház Téli kiállításán,
az úgynevezett Ellenszalonon.

1910-es évek eleje | Megismerkedik Pogány Kálmánnal
és Wilde Jánossal a Szépművészeti Múzeum Könyvtárában.

1911
nyara | A nagybányai művésztelepen dolgozik.

szeptember | Részt vesz a Művészház zsűrimentes kiállításán.

1911. ősz – 1912. tavasz | A Képzőművészeti Főiskola rendkívüli
művésznövendéke.

1912
június | Részt vesz a Művészház 1912. évi zsűrimentes kiállításának
második sorozatában.

október | Felvidéki útja során a mai Szlovákia északi részén, illetve
Lengyelország déli területén található városokba ellátogatva
megörökíti a táj jellegzetes épületeit.

december | Édesapja halála.

1913
január | Részt vesz a Művészház Palotafelavató Kiállításán.

1913. tavasz – 1914. nyár | Párizsban él.

1914
augusztus | Az első világháború július 28-i kitörését követően
bevonul; kiképzése Kaposváron történik.

augusztus | Édesanyja halála.

1914. december – 1915. április | Első galíciai frontszolgálata.

1915
június–szeptember | Második galíciai frontszolgálata.

1915. szeptember – 1916. ősz | A fronton szerzett súlyos sebesülését
követően a budapesti Albrecht Főhercegi laktanyában lábadozik.

1916
tavasz | Festőbarátja, Kmetty János műtermében dolgozik.

április | Részt vesz a Nemzeti Szalon Tavaszi Tárlatának Fiatalok
Csoportkiállításán (Diener-Dénes Rezsővel, Dobrovics Péterrel,
Gulácsy Lajossal, Kmetty Jánossal, Perlott Csaba Vilmossal
és Uitz Bélával közösen állítja ki műveit).

ősz | Átköltözik öccse Gellérthegy melletti, az egykori Tabánban
található Horgony utcai albérletébe.

december | Részt vesz a Nemzeti Szalon Téli kiállításán.

1917

június | Részt vesz a Nemzeti Szalon Csoportkiállításán
(Diener-Dénes Rezső, Dobrovics Péter, Erős Andor,
Kmetty János, Schönberger Armand festőkkel és Csorba Géza
szobrásszal közösen állít ki).

július | Átköltözik az Orbánhegyi útra.

augusztus | Nővérénél tett kolozsvári látogatása alkalmával
tusrajzsorozatot készít a város házairól, utcáiról és a vasúti őrházról.

1918

szeptember | Részt vesz a *MA* című folyóirat III. Demonstratív
kiállításán.

1919

május 2. | A Proletár Képzőművészeti Tanműhely Festészeti
szakosztályának tanárává nevezik ki.

október 31. | A Tanácsköztársaság augusztus 1-i bukását követően
kihallgatja a budapesti rendőrség.

november 30. | Az esetleges megtorlástól félve emigrál, Berlinbe
érkezik.

1920

február | Megszüntetik ellene a nyomozást, mivel bűnösségéről
bizonyíték nem merült fel.

március | Ígéret kap Fritz Gurlitt galeristától kiállításon történő
bemutatkozásra.

október | A berlini Galerie Gurlittban szerepel Moholy-Nagy
Lászlóval és német festőkkel közös csoportkiállításon.

október 31. – december közepe | Alfred Gustav Ekström
svéd mecénás hívására a Stockholm melletti svéd városban,
Saltjöbadenben tartózkodik.

december közepe | Ideg-összeroppanását követően visszatér
Berlinbe, majd hazaindul Magyarországra.

1921

január | Bécsen keresztül Budapestre érkezik,
az Angyalföldi Elmegyógyintézetbe helyezik el barátai.

1922

március 25. | Elhagyja az Angyalföldi Elmegyógyintézetet.

1922. november 17. – 1923. május 16. | Romló állapota miatt bekerül
a Lipótmezei Ideg- és Elmegyógyintézetbe.

1923

május 16. | Budapestről átszállítják a Sátoraljaújhelyi Erzsébet
Közkórház elmeosztályára.

1924

február 22. | Barátai, Hoffmann Edith, Pátzay Pál, Kmetty János és
Petrovics Elek főigazgató kérvényezik a minisztériumnál
a festő Sátoraljaújhelyről Angyalföldre történő áthelyezését.

május 2. | Megérkezik a minisztériumi engedély Budapestre történő
szállítására.

május 19. | Nemes Lampérth József halála.

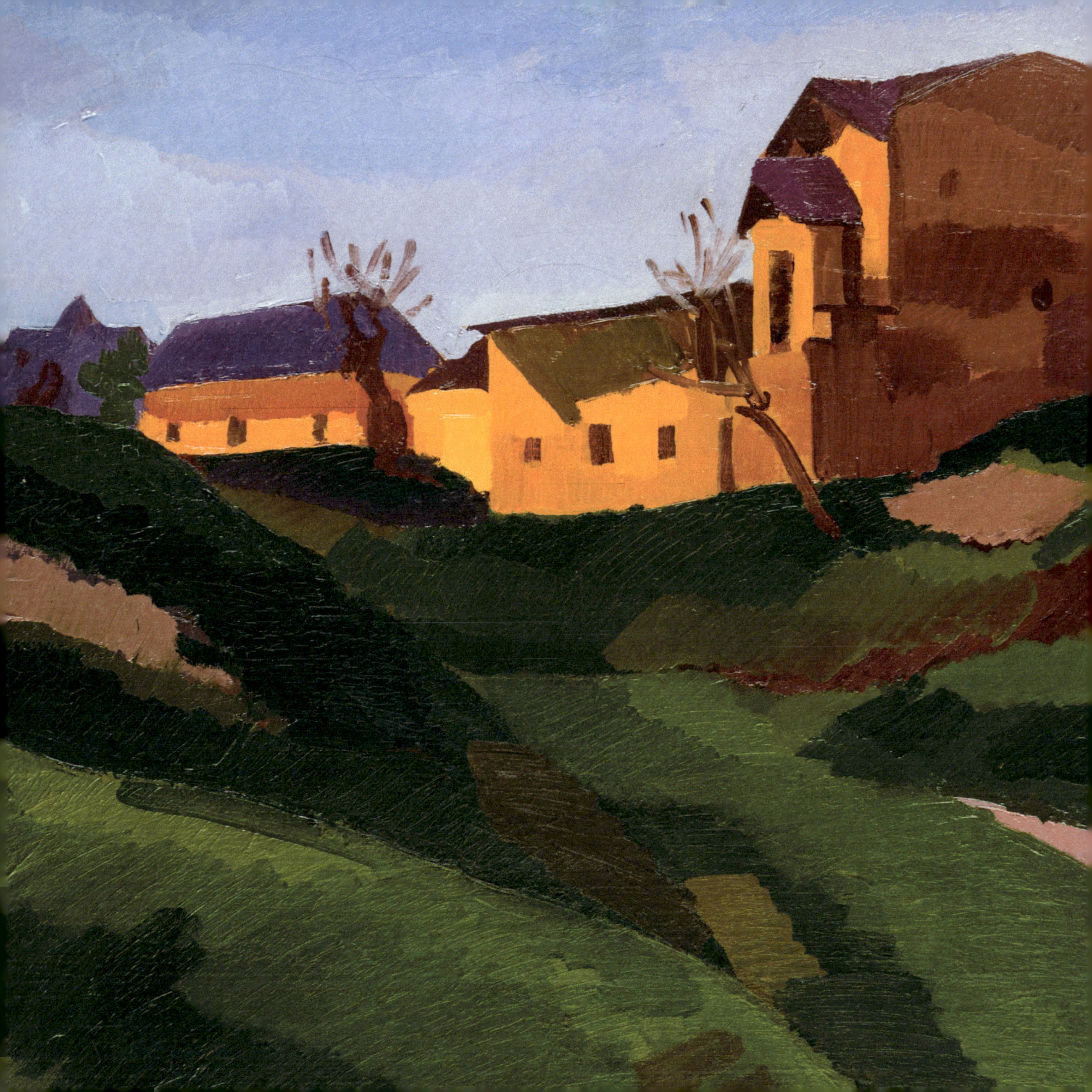

Foreword

József Nemes Lampérth (1891–1924) was a key figure in the avantgarde art movements that emerged in the early twentieth century. The fact that no comprehensive exhibition of modern Hungarian art could open today without featuring at least one of his works is a clear indication of the calibre and far-reaching impact of his artistic output. Although he died at the tragically young age of just thirty-three, leaving behind him a regrettably small oeuvre, there can be no doubt as to his significance and his influence on both his contemporaries and later Hungarian art.

Nemes Lampérth's life was one of hardship, interspersed with tragedy. On more than one occasion, successes earned through arduous work had to be clawed back almost from scratch due to the vicissitudes of history and his own psychological problems. Yet he never gave up: his creative passion proved even more powerful than the adversities that plagued his life. He fought against his illness with every ounce of his strength, and his landscapes and nudes were shaped by a burning inner drive.

The significance and innovative quality of his art were recognised during his lifetime, yet he died forgotten, supported by just a handful of friends, on 19 May 1924, on the psychiatric ward of the public hospital in Sátoraljaújhely. No obituary was published in the contemporary press; it was left to his friend, the sculptor Pál Pátzay, to write a lengthy commemorative article in praise of his work. Through the small-scale exhibition *The Painter and the Museum*, held to mark the one-hundredth anniversary of the death of Nemes Lampérth, we pay tribute to an exceptionally talented artist, recalling his life and work through the friendships he forged with the Museum of Fine Arts and the staff who worked there.

László Baán General Director
Museum of Fine Arts – Hungarian National Gallery, Budapest

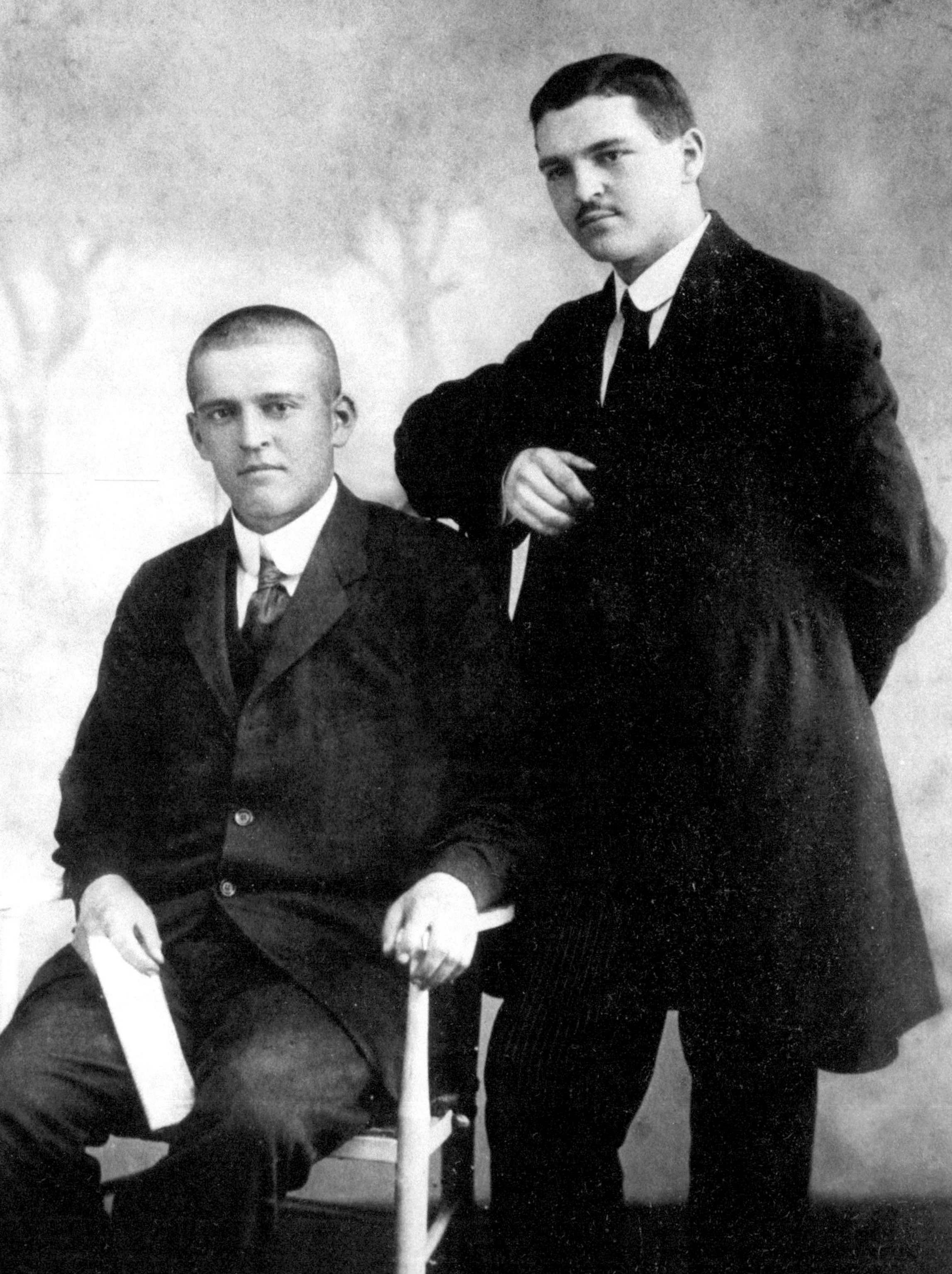

The Painter and the Museum
József Nemes Lampérth (1891–1924) and the Museum of Fine Arts

Rita Rödönyi

The life and work of József Nemes Lampérth [fig. 1] have been examined from many different perspectives in recent decades. Researchers have studied his place within European art trends and defined his role in the Hungarian avant-garde. They have analysed the impact of his psychological condition and state of mind on his work. They have attempted to identify which artists left their mark on his oeuvre, and which, in turn, were influenced by his style. To date, however, no research has been carried out into the community that stood behind the artist, both in his early career and during his final years: the Museum of Fine Arts and the staff who worked there.

This small-scale exhibition, held to commemorate the one-hundredth anniversary of the artist's death, focuses on the relationship between József Nemes Lampérth and the supportive community of the Museum of Fine Arts. Several of the close friendships that the painter forged with art historians at the museum – including János Wilde, Edith Hoffmann, and Kálmán Pogány – remained unbroken even after his admission to the psychiatric hospital.

22. Nemes Lampérth József (balra) és testvére, Lamperth Károly, é. n. | József Nemes Lampérth (left) and his younger brother, Károly Lamperth, n. d.

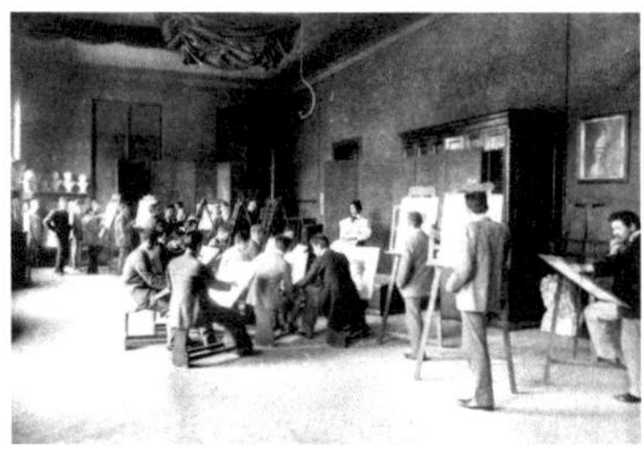

23. A Képzőművészeti Főiskola első
és másodéves hallgatói | First- and
second-year students of the Academy
of Applied Arts, 1910

1 He was registered at birth under the name
József Lampérth and only began using the
title Nemes [meaning "noble"] from autumn
1911, as a proud acknowledgement of his fam-
ily's noble origins.

2 Today the Secondary School of Visual Arts.

3 Now the Moholy-Nagy University of Art
and Design.

4 Illustrated catalogue of the Nagybánya
jubilee exhibition. Compiled by Samu Börtsök
and István Réti. Nagybánya, 1912, 87–88. Réti
1954.

5 Today the Hungarian University of Fine
Arts.

6 Since Nemes Lampérth lacked the re-
quired secondary-school qualification, Zemp-
lényi had to personally admit him into his
class following the entrance exam.

7 János Kmetty's handwritten autobiog-
raphy, Institute of Art History, HUN-REN
Research Centre for the Humanities, Docu-
mentation Department, MKCS-C-I-66/29-19.
Kmetty 1976.

Early years (1891–1913)

József Nemes Lampérth was born on 13 September 1891[1] into
a family of Calvinist artisans, the second of four children. [fig.
22] The elder of his younger brothers remembered him as a re-
served, quiet, withdrawn little boy, who disliked playing with
his siblings. Although his artistic talents were recognised by his
primary-school teacher, his father had other plans for his ca-
reer. However, thanks to his mother's intervention and his own
tenacity, he eventually managed to embark on his chosen path.
His formal training lasted only a short time. Between 1907 and
1911, he attended the Metropolitan Municipal Technical Draw-
ing School,[2] where he was taught by Artúr Lakatos and Manó
Vesztróczy. At the same time, he took classes at the Hungarian
Royal Academy of Applied Arts.[3] He spent the summer of 1911
at the artists' colony in Nagybánya [today Baia Mare, Roma-
nia], where he trained at the free school run by János Thorma.[4]
The artists working in Nagybánya at the time, separately from
the school, included Sándor Galimberti, Valéria Dénes, Armand
Schönberger, and Béni Ferenczy. [fig. 2] At the end of the sum-
mer, Nemes Lampérth applied to the Fine Arts College,[5] where,
in the 1911–1912 academic year, he was accepted into the class
taught by Tivadar Zemplényi, as a student with special status.[6]
[fig. 23] In addition, he attended evening drawing courses at the
Epreskert campus, where he became a friend of János Kmetty[7]
and re-encountered his old friend Béla Uitz. Despite his youth,
Nemes Lampérth's drawing style already showed a maturity and
individuality that contrasted sharply with his teacher's artistic
approach. This stylistic difference, combined with his uncom-
promising personality, contributed to the fact that he was not

accepted into Zemplényi's class the following year, which meant that his formal art training came to an end. In October 1912, he made a brief trip to Upper Hungary [present-day Slovakia], producing dynamically executed drawings of the streets and distinctive wooden houses. His return home was followed by a family tragedy, with the death of his father from pneumonia. Nemes Lampérth's grief inspired the painting *The Catafalque* (cat. no. 6), in which his late father occupies the centre of the composition, lit by candlelight.

The first public showings of his work are also associated with this early period. He exhibited his very first painting in late November 1910, at the age of nineteen, while a student at the Technical Drawing School. The painting featured in the so-called Anti-Salon, the winter exhibition of the Művészház (Artists' House),[8] an association that championed modern artists. He subsequently took part in every annual Művészház exhibition right up until its permanent closure in 1914. In September 1911, works by him were shown in the second non-juried exhibition[9]; in June the following year he participated in the second series of the 1912 non-juried exhibition[10]; then, in 1913, works of his[11] were shown in the Művészház Palace Inauguration Exhibition.[12] [figs. 3, 24]

The Museum of Fine Arts was founded just a few years after the birth of József Nemes Lampérth. On 28 January 1894,[13] prime minister Sándor Wekerle proposed the establishment of a new "museum of the history of the fine arts" as part of the construction work being undertaken to mark the thousandth anniversary of the Hungarian Conquest of the Carpathian Basin. According to the prime minister, however, the idea of constructing a new museum building had already been raised around a year

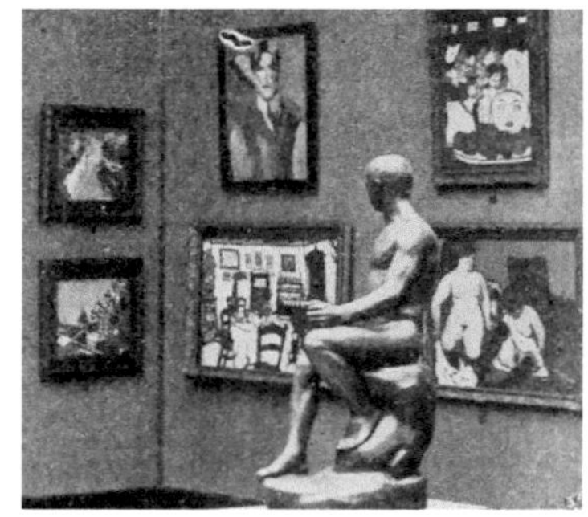

24. Művészház Palotafelavató kiállításának teremrészlete | Detail of the Művészház Palace Inauguration Exhibition 1913

8 27 November – 27 December 1910. Művészház Winter Exhibition. Budapest, 1910. Cat. no. 68. *Still Life*.

9 3 September – around 20 September 1911. Non-juried Művészház Exhibition. Budapest, 1911. Cat. no. 18. *Still Life*; Cat. no. 202. *Gypsy Boy*.

10 16 June – 30 June 1912. Source: [n. n.], "A Művészház 1912. évi zsűrimentes kiállításának második sorozata" [Second series of the 1912 Non-juried Művészház Exhibition], *Az Ujság*, 15 June 1912, vol. X, no. 142, 21.

11 According to the catalogue, just one of his drawings was included, although the reproduction published in the journal *Új Idők* reveals that the exhibition also featured Nemes Lampérth's *Self-Portrait* [cat. no. 1] – as identified by András Zwickl, who carried out research into the Művészház. [fig. 24] Source: *Új Idők*, 2 February 1913, vol. XIX, no. 6, 140.

12 23 January – around 28 February 1913. Guide to the Művészház Palace Inauguration Exhibition. Budapest, 1913. Cat. no. 207. *Seated Woman*.

13 [n. n.], "Az ezredév megünneplése. – A kormány újabb előterjesztései" [The Millennium Celebration – New Government Proposals], *Pesti Napló*, 1 February 1894, vol. 45, no. 32, 4.

earlier, justified not only by changes in international museology but also by the limited space available in the Hungarian National Museum[14] for the display and storage of artworks. The prime minister's proposal eventually passed into law on 17 May 1896: "With the purpose of establishing a lasting commemoration of the thousandth anniversary of the Hungarian Conquest, the legislature resolves … to establish a national fine arts museum and to construct a building appropriate for the housing of its collections in Budapest."[15] A public tender for the design of the new museum building was issued in September 1898, and nine designs had been submitted by the deadline of March 1899. Although none of the designs fulfilled the terms of the tender entirely, the international jury was obliged to make a decision: the first prize of 6,000 kronen was awarded to Samu Pecz, while the design submitted by Albert Schickedanz and Fülöp Herzog was awarded the second prize of 4,000 kronen.[16] [fig. 4] Despite the jury's decision, it was not in fact the winning design that was eventually realised. The minister of public education, Gyula Wlassics, felt that Schickedanz and Herzog's design offered greater scope, thus the pair were invited to revise their plan, taking all the museum's requirements into account. Once the final version had been approved, construction work began at the City Park end of Andrássy Avenue on 1 August 1900. Although the first works of art were already placed in the larger, rear wing of the building complex in as early as September 1903,[17] the museum was not inaugurated until early December 1906. The exhibitions were opened in the presence of Franz Joseph I, after which they could be visited by members of the public. [figs. 5, 25] The museum's first director was Ernő Kammerer, whose tenure lasted from 1906 to 1914. He was followed

14 The holdings of the newly established Museum of Fine Arts comprised part of the collection of the Hungarian National Museum and material from the National Picture Gallery.

15 *Magyar Törvénytár 1000–1895. 1896. évi törvénycikk – Corpus Juris Hungarici* [Hungarian Statute Book 1000–1895. Act of 1896 – Corpus Juris Hungarici], edited by Dezső Márkus (Budapest: Milllenium Commemorative Edition 21, 1897).

16 István Bierbauer, "A Szépművészeti Múzeum" [The Museum of Fine Arts], *Építő Ipar*, 5 January 1913, vol. 37, no. 1, 1–3.

17 [n. n.], "A Szépművészeti Múzeum" [The Museum of Fine Arts], *Ország-Világ*, 13 September 1903, vol. 24, no. 37.

by Elek Petrovics, who occupied the position of general director from his appointment in 1914 right up until 1935.

Not long after its opening, the new museum came to play a significant role in the life of József Nemes Lampérth. In the early 1910s, he visited the exhibitions and library of the Museum of Fine Arts with his friend, Béla Uitz. In the exhibition halls, it was mainly the Spanish paintings that they studied, while in the library it was primarily works by international artists – Cezanne, Matisse, and Picasso.[18] As Éva Bajkay pointed out, "as the Louvre was for Cezanne, so the library was Nemes Lampérth's greatest university".[19] It was in these surroundings that the penniless but enthusiastic young artist was able to study intently the works that would represent the greatest inspiration for his art. However, the library furnished Nemes Lampérth with far more than the stylistic tendencies that would influence his art. It was there that he made the lifelong friendships that would come to play such an important role in his life. In the early 1910s, it was in the reading rooms of the Museum of Fine Arts that he made the acquaintance of the man who "discovered him"[20] – Kálmán Pogány, who worked at the museum from 1908. It was also there that he met János Wilde, who, together with his brother, Ferenc Wilde,[21] offered the artist the support of their friendship throughout his life. From 1913, János Wilde worked as a volunteer research assistant at the museum, and his extant correspondence documents his connection with the artist. Although it is only Nemes Lampérth's frequent letters to him that have survived, they reveal how the relationship between the two men became increasingly close and personal. The change in salutation illustrates the deepening of their friendship. The artist's first letter, written in autumn 1914,

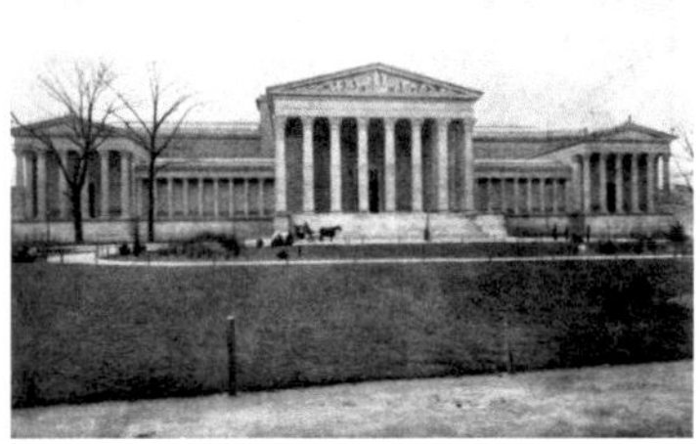

25. A Szépművészeti Múzeum, 1906. december 1. | The Museum of Fine Arts, 1 December 1906

18 Bajkay 1974, 14.
19 Reviewer's opinion by Éva Bajkay on the 1984 book by Mezei 1984. Ottó Mezei bequest, Institute of Art History, HUN-REN Research Centre for the Humanities.
20 Letter from Ferenc Wilde to Zsuzsa Molnár, 29 November 1962. Institute of Art History, HUN-REN Research Centre for the Humanities, Documentation Department, MKCS-C-I-77/1752.
21 Ferenc Wilde (1887–1968) was a lawyer, teacher, and art collector. Source: *Enigma* no. 62 (2020): 102.

is addressed to "János Wilde, Esquire", while a letter sent in 1918 begins "My Dear Old Chap", and in late March 1922 he writes to "My Dear Friend Jancsi [i.e., Johnny]". Besides this personal connection, the staff at the Museum of Fine Arts also recognised the painter's artistic merit. Kálmán Pogány was particularly appreciative of Nemes Lampérth's art, seeing in it "the path to the advancement of Hungarian painting and drawing".[22] The unique features of his style, which earned him a place among the greatest figures of the twentieth-century Hungarian avantgarde, emerged very early. His talent, and the modernity and significance of his drawings, were presumably also recognised by Simon Meller, head of the Department of Prints and Drawings, who purchased three of his graphic works for the museum in January 1912. On 9 January 1912, the painter went to the museum to present several of drawings, three of which were chosen by Meller: the pastel *Detail of Buda* (cat. no. 5), the ink drawing *Nudes* (cat. no. 4), and the pencil sketch *Reclining Nude* (cat. no. 3). He was paid a total of 60 kronen for the drawings, although, quite apart from the financial profit, having his work acquired by the nation's most important fine arts collection at the age of just twenty meant a great deal to the painter, who was always proud of his art.[23]

22 Szabó 1973, 210.
23 Works by his friends and fellow artists were acquired for the collections of the Museum of Fine Arts only a few years later: works by Béla Uitz in 1914, and by János Kmetty in 1916.

Paris (March 1913 – Summer 1914)

Like most young Hungarian artists from the early twentieth century onwards, Nemes Lampérth longed to go to Paris, where the latest artistic trends were taking shape. In spring 1913, he was given an opportunity to travel to the French capital with state support.[24] In Paris, he seized every opportunity to work, and through his friend, Zsigmond Csellényi Walleshausen, he got to know about the free schools where he could draw from live models. [fig. 26] Although initially still influenced by what he had been taught at college, it is clear from the ink drawings produced at this time that by the beginning of 1914, his nude models are starting to be contextualised and depicted with greater maturity. Besides female nudes (cat. nos. 12, 13, 14), he also produced an important series inspired by a favourite subject of his, the bridges over the Seine (cat. nos. 10, 11). In these riverside cityscapes, the central motifs are the bridges and the houses around them. He worked intensively during his months in Paris, as borne out by the volume of his extant drawings. However, he also made time to familiarise himself with the atmospheric streets of Paris and its famous churches, and to admire at first hand in the Musée du Louvre works that he had previously encountered only as reproductions in the library of the Museum of Fine Arts.

His visit to the French capital was a defining period in Nemes Lampérth's life, and he always recalled it with nostalgia. Presumably his departure from Paris was due to force of circumstance – perhaps a shortage of money – rather than choice. It is not clear exactly when he returned to Hungary, although some sources suggest that it was before the outbreak of the First World War. On 20 June 1914, he visited the Museum

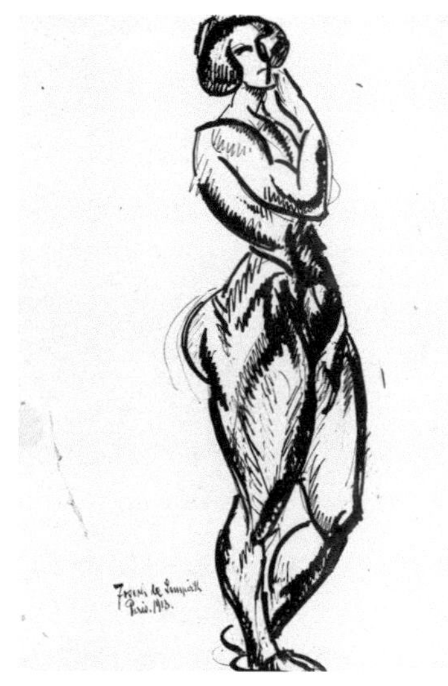

26. Nemes Lampérth József: *Álló női akt* | József Nemes Lampérth: *Standing Female Nude*, 1913

24 Letter sent to Pál Majovszky (head of the Art Department at the Ministry of Public Education), Museum of Fine Arts – Central European Research Institute of Art History Archives and Documentation Centre (MFA-CERIAH ADC), 12492/59, published in Mezei 1976, no. 1, 763.

of Fine Arts and offered for sale a drawing he had executed in Paris, the *Portrait of István Gáborvigh* (cat. no. 15), which the Department of Prints and Drawings purchased for 80 kronen. [fig. 6] The surviving sales document[25] contains an interesting detail. The name of the curator who handled the purchase is written in red ink: [Kálmán] *Pogány*. Besides a Christmas card sent from Paris, a specific work of art also alludes to the close relationship between the two. In June 1914, Nemes Lampérth produced a portrait of his friend, the museum curator. [fig. 7] Little time can have elapsed between the execution of the two portraits, as they are stylistically very similar. Both are powerfully influenced by the cubism that he had encountered in Paris.

At the front (Summer 1914 – September 1915)

The outbreak of the First World War radically changed Nemes Lampérth's life, as it did the lives of many other young artists. On returning home from Paris, he enlisted in August 1914 and, after a period of training in Kaposvár, he was sent to the Galician front, in what is today southern Poland and western Ukraine.[26] [figs. 8, 27] The horrors he experienced during active service debilitated him physically and mentally. We have a fairly accurate picture of this period from the letters and postcards he sent to his friends, many of which have survived. In them, he gives an account not only of his training but also of his experiences at the front, describing the fighting in disturbingly realistic detail. His tone changes depending on his state of mind. At times he is bored, at other times despondent, while occasionally he

25 Museum of Fine Arts (MFA), Archives, 867/1914.
26 Although he mentions in a letter in September 1914 that he had received 400 kronen from the state for the continuation of his studies, this proved impossible due to world political events, thus he used the money to pay off his debts in Budapest.

recounts the details of a successful engagement with something akin to delight. Nor did he neglect the Museum of Fine Arts in his letters: he frequently mentions his acquaintances among the staff and sends his greetings, via János Wilde, to Kálmán Pogány, Simon Meller, and Zoltán Felvinczi Takács, among others. Besides writing, he visited the museum in person whenever the opportunity arose. His first visit to Budapest during his months in Kaposvár was prompted by a sad occasion – the funeral of his mother in September 1914. He next travelled to the capital in late October / early November, when he likewise visited the museum and donated to its collection one of the ink drawings from his series *Bridge on the Seine* (cat. no. 11). In early April 1915, after a minor injury, he again spent time in Budapest and paid several visits to the Museum of Fine Arts, which he found "very empty. Everyone's off fighting,"[27] as he wrote to a friend. He was wounded several times while serving at the front: eventually, in September 1915, having suffered a serious injury to his arm, he was forced to leave the battlefield for good.[28] This time, however, he was treated not in the garrison hospital in Kaposvár – as erroneously reported in the earlier literature – but in the Archduke Albrecht Barracks in Budapest, not far from the Museum of Fine Arts.[29] His months on the battlefield allowed him little opportunity for creativity, yet we know of works that he did produce at the front. The most poignant of these were the two drawings that he took in person to the museum on 11 October 1915. Simon Meller purchased from the artist the drawings *Trench* (cat. no. 16) and *Ruined Building* (cat. no. 17). Nemes Lampérth reported the sale delightedly to János Wilde,[30] also mentioning a further drawing, *The Battle of Dobrotwor* [Dobrotvir, Ukraine], which he sent to Wilde as a token of friendship.

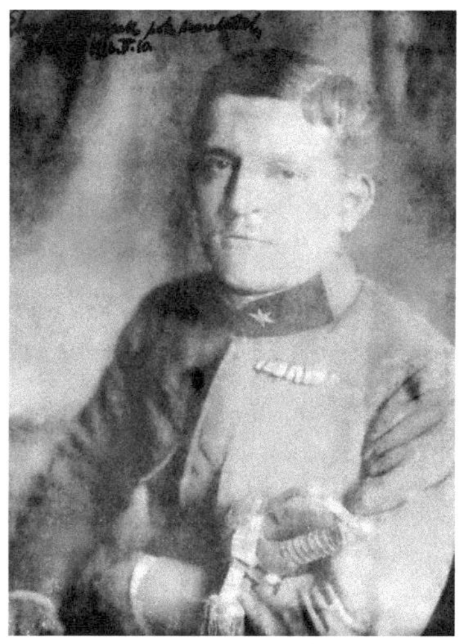

27. Nemes Lampérth József hadnagyi egyenruhában | József Nemes Lampérth in a lieutenant's uniform, 1916

27 Postcard from József Nemes Lampérth to János Wilde, Kaposvár, 12 April 1915. Institute of Art History, HUN-REN Research Centre for the Humanities, Documentation Department, MKCS-C-I-77/1906.

28 He informed Simon Meller and János Wilde about his injuries by postcard on 12 September 1915.

29 The Archduke Albrecht Barracks were located at 49 Aréna Road (today Dózsa György Road), while the Museum of Fine Arts was at 41 Aréna Road.

30 Letter from József Nemes Lampérth to János Wilde, Budapest, 30 October 1915. Institute of Art History, HUN-REN Research Centre for the Humanities, Documentation Department, MKCS-C-I-77/1865, published in Horváth 1960.

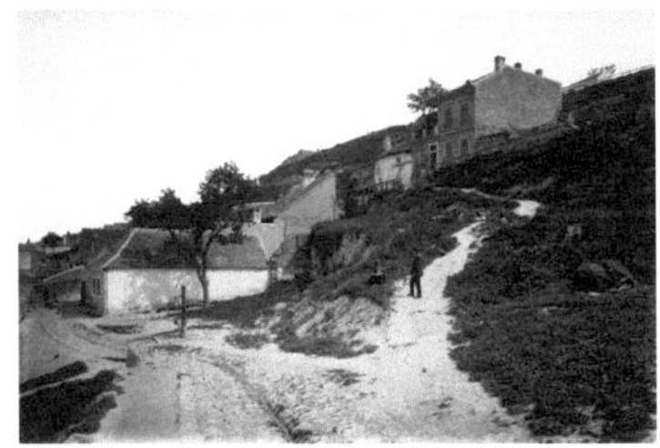

28. A Gellérthegy tabáni lejtője |
The Tabán Slope of Gellért Hill, 1895

Creative period (1916–1918)

Nemes Lampérth soon recovered from his physical injury, and following his convalescence he threw himself into his work with renewed enthusiasm. The oil paintings and graphic series produced between 1916 and 1918 are the most attractive and distinctive works in his oeuvre. It was no accident that they earned the admiration of several contemporary critics. Ernő Kállai defined the style of these stridently colourful paintings as "expressive naturalism",[31] Artúr Elek emphasised their monumental approach,[32] while Lajos Kassák stressed the expressivity of the images, besides the intensity of their colours.[33] Following his recovery, and lacking his own apartment and studio, Nemes Lampérth initially worked in the studio of his friend, János Kmetty, where he had the opportunity to paint in oils once again. His characteristic technique can clearly be observed in the nudes he produced here (cat. no. 18), in which details are shaped from patches of thickly applied, brightly coloured oil paint. There is no attempt to conceal the brushstrokes in these pastose areas, which are, instead, used to render forms, to create an overall visual effect, and to define the internal dynamics of the composition. He employed the same technique in the case of both the model and the green drapery in the background. He used a similar approach for the views of Gellért Hill that he painted in his younger brother's rented apartment on Horgony Street (cat. no. 19), which provide a glimpse of the picturesque Tabán district, an area of the city that has since disappeared. [figs. 9, 28] In autumn 1916, he moved in with his brother, when, with his nerves strained by the horrors of war and the intensity of his work, his condition became unstable and he

31 Kállai 1925. 77.
32 Artúr Elek, "A Nemzeti Szalón [sic] csoportkiállítása" [Group exhibition at the National Salon], *Az Ujság*, 3 June 1917, vol. 15, no. 141, 14.
33 Lajos Kassák, "Nemzeti Szalon: Fiatalok csoportkiállítása" [National Salon: Group exhibition by young artists], *Ma*, 15 July 1917, vol. II, no. 9, 146–147.

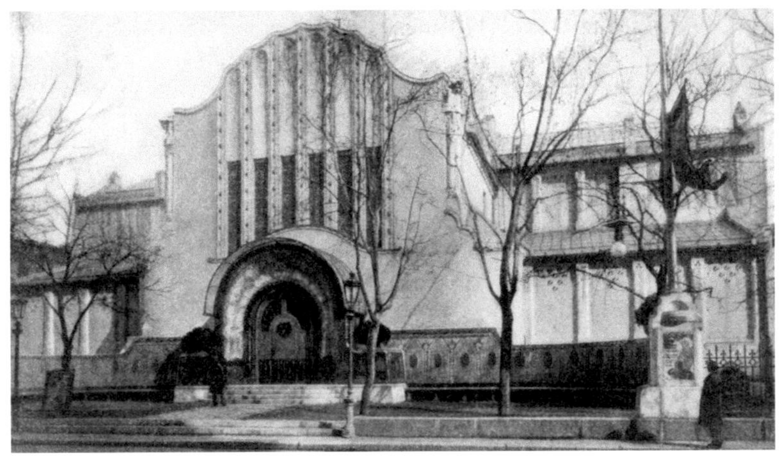

had a fit of rage in the street. His surviving correspondence reflects his unbalanced mental state: his frequent mood swings, fluctuating between periods of depression when he was incapable of work, and active periods of creativity, were the warning signs of his later psychiatric illness. Friends and family had a positive influence on his mood and his creativity: in August 1917, for example, he produced a beautiful series of ink drawings while visiting his sister in Kolozsvár [today Cluj-Napoca, Romania] (cat. nos. 21, 22, 23).

With his renewed zeal for work came new opportunities to exhibit. In 1916, he and six fellow artists[34] took part in the National Salon (fig. 29) Spring Exhibition *Young Artists*,[35] where he showed, among other things, his portrait of Gáborvigh, which was owned at the time by the Museum of Fine Arts (cat. no. 15). In December, one of his still lifes was included in the National Salon exhibition.[36] In the summer of the following year, he again submitted work for a joint exhibition at the National

[34] Two of the exhibiting artists had attended the Fine Arts College with him – Péter Dobrovics was a third-year student, while Béla Uitz was a fourth-year student in the same year in which Nemes Lampérth also studied there. He knew János Kmetty from the evening drawing classes at the Epreskert campus, after which they regarded one another as friends.

[35] 2–24 April 1916. The circle of "Young" Fine Artists. Cat. no. 369–376.

[36] 17 December 1916 – 7 January 1917. Winter exhibition of the National Salon. Cat. no. 330. *Still Life*.

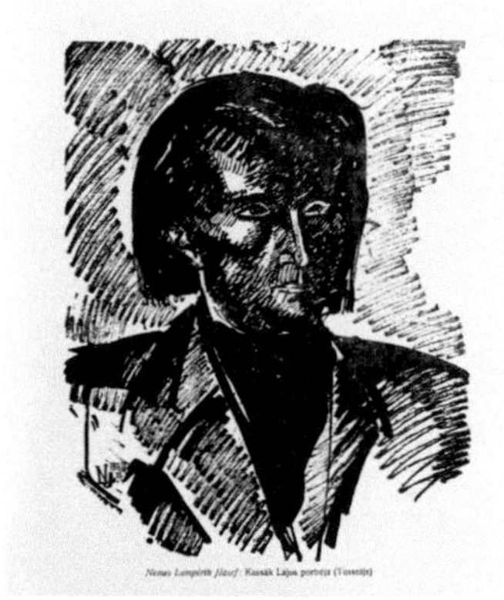

30. Nemes Lampérth József: Kassák Lajos portréja a *MA* folyóiratban | József Nemes Lampérth: Portrait of Lajos Kassák in the journal *MA*, 1917

Salon[37] with several of the other "Young Artists", this time showing a larger selection of his work. [fig. 10] The exhibition was an enormous success, even to the surprise of the artist himself. "…my stuff made quite an astonishing impression – to put it bluntly, everyone was flabbergasted."[38] Lajos Kassák, [fig. 30] editor of the journal *MA*, which espoused the most modern avantgarde artistic principles, wrote admiringly of his work, while Elek Petrovics, general director of the Museum of Fine Arts, contacted the artist with the intention of purchasing his work. Nemes Lampérth recounted all this to his friend, János Wilde: "The director, Mr Petrovics, even made me an offer for my latest view of Gellért Hill, which I accepted."[39] (cat. no. 19) The painting was thus acquired by the Museum of Fine Arts. In September the following year, he took part in the *Demonstrative Exhibition III*,[40] held in the Váci Street premises of the journal *MA* [fig. 11], where he showed three landscapes painted in the Tabán district.

Based permanently in Budapest, he was a frequent visitor to the Museum of Fine Arts, especially when convalescing in the Albrecht Barracks, when he was just a ten-minute walk from the museum. He informed a friend of this in one of his letters: "I often visit the Museum, where the quiet, constant work goes on. Everything there's the same as it always was."[41] In the course of his visits, he presumably also met with his friends among the staff there, thus, unsurprisingly, several of his works were acquired for the museum's collections at this time. On 28 September 1916, in response to a personal offer, the museum purchased one of the *Pont Neuf* ink drawings he had produced in Paris (cat. no. 10). The following year, by means of the purchase mentioned above, Elek Petrovics added the view of Gellért Hill

---

37 3 June – mid-June 1917. Group exhibition of the works of sculptor Géza Csorba and painters Dénes Rezső Diner, Péter Dobrovics, Andor Erős, János Kmetty, József Nemes-Lampérth [sic] and Armand Schönberger. Cat. no. 161–174.

38 Letter from József Nemes Lampérth to János Wilde, 23 June 1917. Institute of Art History, HUN-REN Research Centre for the Humanities, Documentation Department, MKCS-C-I 77/1864, published in, Horváth 1960, 169–183.

39 Ibid.

40 15 September – 14 October 1918. *Catalogue of the Third "MA" Demonstrative Exhibition*. Budapest, 1918. Cat. no. 5–7.

41 Letter from József Nemes Lampérth to János Wilde, Budapest, 16 February 1916. Institute of Art History, HUN-REN Research Centre for the Humanities, Documentation Department, MKCS-C-I 77/1913, published in, Horváth 1960.

to the museum's holdings (cat. no. 19). In 1918, the museum acquired three drawings: in March, the artist donated *Kolozsvár Station* (cat. no. 21) and *Houses in the Village* (cat. no. 22), then, on 22 April, Baron Ferenc Hatvany donated a further sketch by Nemes Lampérth to the Department of Prints and Drawings (cat. no. 23). All three ink drawings had been produced during his visit to his sister in Kolozsvár. Thanks to regular opportunities to exhibit his work, and the resulting success, the artist enjoyed a sense of financial stability. Although his letters testify to recurring periods of depression, it seemed that his career was nevertheless starting to take off. This sense of optimism was presumably behind his offer, made in a letter dated New Year's Eve 1918, to deposit in trust to the museum one of the most important works in his oeuvre – *The Catafalque* (cat. no. 6) [fig. 12]. The museum was delighted to accept the donation, and the director, Petrovics, forwarded to the artist a letter of thanks from the minister of public education, to which he added a few lines of his own.[42]

31. Művészeti és Múzeumi Direktórium plakátja a múzeumi munkástanfolyamokról | Poster of the Directorate of Museums and Art about workers' courses in the museum, 1919

The Hungarian Soviet Republic (21 March – 1 August 1919)

The period of revolution in 1918–1919 affected the lives of all Hungarians to some extent. Avant-garde artists became active participants in the Hungarian People's Republic declared in November 1918, and its successor, the Communist dictatorship of the Hungarian Soviet Republic. Even those who otherwise distanced themselves from everyday politics felt the impact of the historical events. Artists were no exception: many of them,

42 Source for the draft letter: MFA Archives, 4/1919.

and especially avantgarde artists who represented the latest tendencies, became active participants during the Soviet Republic.[43] Although József Nemes Lampérth sympathised with the left-wing ideals of the Sunday Circle,[44] he attended meetings of the circle merely as an observer and played no active political role. [fig. 13]

Following the proclamation of the Soviet Republic on 21 March 1919, Nemes Lampérth's life also changed. Although he did not sign the pamphlet in support of the communist revolution, published on 25 March 1919 by the journal *MA*, which was committed to the dictatorship of the proletariat, he did obtain a position that made his life easier from a financial point of view. On 2 May, the deputy people's commissar for public education, Frigyes Antal, appointed him as a teacher in the Department of Painting of the newly established Proletarian Workshop for the Teaching of the Fine Arts.[45] Béla Uitz was appointed director of the workshop, which operated in the mansion of Gyula Andrássy, by the Danube, [fig. 14] while Ferenc Medgyessy taught in the Department of Sculpture. The appointment gave Nemes Lampérth a regular income for the first time in his life, although financial security did nothing to encourage his creativity. Presumably his teaching responsibilities meant he had less time for his own artistic endeavours, since we know of very few works from this period. One of the most important was the recruitment poster JOIN!,[46] produced together with his friend János Kmetty (cat. no. 25), for which the model was his younger brother, István Lampert [sic!]. With no previous experience in this genre, unsurprisingly the work he produced differs stylistically from his earlier, dynamic graphics, adhering to the visuality demanded by the specific nature of the poster genre.

43 "Even artists who were not at all political came into contact with the activist movement – Tihanyi, Mattis Teutsch, Nemes Lampérth." Emília Földes, *A Fővárosi Képtár története és gyűjteménye 1890–1945* [The history and collection of the Municipal Picture Gallery, 1890–1945]. (Budapest: privately published, 1987), 87.

44 Ed. Karádi–Vezér 1980.

45 Letter from the People's Commissar for Public Education concerning the appointment of the managers and teachers of the Proletarian Workshop for the Teaching of the Fine Arts, sent to the painters Béla Uitz and József Lampért [sic], and the sculptor Ferenc Medgyesy [sic], in *A magyar Tanácsköztársaság képzőművészeti élete* 1960, 94. [n. n.], "Proletár képzőművészeti tanműhely" [The Proletarian Workshop for the Teaching of the Fine Arts], *Népszava*, 4 May 1919, vol. 47, no. 106, 10. "Tanácsköztársaság" [Soviet Republic], *Budapesti Közlöny*, 15 May 1919, 3.

46 Several artists at this time produced posters encouraging enlistment to the Red Army, the army of the Hungarian Soviet Republic. The best known are Róbert Berény, *To Arms! To Arms!* and Mihály Biró, *1 May 1919 (Man with a Hammer)*. [fig. 15]

The changes that took place during the Soviet Republic affected even the Museum of Fine Arts. Several museum employees played an active part in the dictatorship of the proletariat. The people's commissar for public education, György Lukács, appointed Kálmán Pogány – Nemes Lampérth's old patron and friend – as head of the Directorate of Museums and Art. Although Pogány occupied this post for no more than a few weeks,[47] his name is associated with activities such as the appropriation by the state of privately owned artworks, their scholarly categorisation, and their presentation at exhibitions in the Budapest Kunsthalle.[48] Other museum staff besides Pogány became members of the Directorate of Art, including Frigyes Antal and János Wilde, who were likewise friends of the artist. One of the goals of the directorate was to "support struggling artists and to expand contemporary holdings by means of purchases".[49] Although at the time this may have seemed like a waste of money to anyone unfamiliar with contemporary artistic trends, we have every reason to be grateful today, since it is owing to these purchases that museum collections now feature some hugely important works that might otherwise have been lost. On 26 April 1919,[50] the People's Commissariat for Public Education spent 250,000 kronen on works of fine art, including József Nemes Lampérth's oil painting *Cactus* (cat. no. 2), which was purchased for 3,000 kronen. The painting was acquired by the museum on 24 June, and in the following month further works by Nemes Lampérth were added to the collection: the oil painting *Standing Female Nude from the Back* (cat. no. 18) was acquired for 9,500 kronen, the ink sketch *Self-portrait* (cat. no. 7) for 500 kronen, and the watercolour *Interior with Crying Figure* (cat. no. 9.) for 1,000 kronen. Among its other

47 "On 24 April 1919, Kálmán Pogány was appointed as commanding officer of the Eastern Army Command, thus Frigyes Antal took over the management of affairs until 29 July 1919, when Manó Lessner became the head of the Department of Art and Museums of the People's Commissariat for Public Education." Bardoly 2015, 109, note 31.
48 *Catalogue of the first exhibition of artworks taken into public ownership.* Budapest, Kunsthalle, 1919. The exhibition was opened on 14 June 1919 by György Lukács. "The fact is that although no one was truly happy about the 'socialisation' of their private collections, several collectors considered their artworks to be safer in the Museum of Fine Arts." Source: Kálnoki-Gyöngyössy 2020, 90; Dent 2018.
49 Szabó 1973, 205.
50 *A magyar Tanácsköztársaság képzőművészeti élete* 1960, 44.

51 Report by Dr Edith Hoffmann to the disciplinary committee concerning her conduct under the Soviet Republic. 7 January 1920. Institute of Art History, HUN-REN Research Centre for the Humanities, Documentation Department, MKCS-C-I 103/24.

52 Memorandum of the director of the Museum of Fine Arts to the People's Commissariat for Public Education, in which he proposes the reorganisation of the collection of modern paintings and requests funds to cover the related costs. Gerelyes 1967, 140.

53 "A Szépművészeti Múzeum 1920–1923-ban" [The Museum of Fine Arts in 1920–1923] *SZM Évkönyvei* 3 (1924): 118.

54 The catalogue planned for the exhibition was not in the end produced. In 1925, with the permission of the minister for religion and public education, the Museum of Fine Arts was given premises on the first floor of the building of the Old Kunsthalle on Andrássy Road (today 69 Andrássy Road). There, the Modern Picture Gallery was reorganised once again, and a catalogue was published in 1928. Source: "A Szépművészeti Múzeum 1924–1926-ban" [The Museum of Fine Arts in 1924–1926], in *SZM Évkönyvei* 4 (1927): 1927, 215. Petrovics selected the ink drawing of the Pont Neuf by József Nemes Lampérth (cat. no. 10) for the exhibition in the New Hungarian Picture Gallery. Source: *Országos Magyar SzépművészetiMúzeum Új Magyar Képtárának katalógusa* (Catalogue for the New Hungarian Picture Gallery of the National Hungarian Museum of Fine Arts.) (Budapest, 1928).

activities, the Directorate of Art organised museum courses aimed at the artistic education of workers. In the framework of these courses, curators at the Museum of Fine Arts, the National Museum, and the Museum of Applied Arts were required to give lectures on art history to members of the working class. [fig. 31] Although Edith Hoffmann did not agree with the ideals of the system or the requisition of artworks, she recalled[51] taking pleasure in delivering these lectures, which she considered beneficial, and being happy to speak about the profession she loved to interested audiences. As the political situation developed, professional work continued in the museum. In a letter dated 22 April 1919, addressed to the People's Commissariat for Public Education, the general director Elek Petrovics proposed the reorganisation of the Modern Gallery and the repainting of the exhibition halls, and submitted an application for the requisite funds.[52] Once Frigyes Antal had approved the necessary sum and ordered the payment, the exhibition closed from June for the duration of the reconstruction. In the meantime, the museum's other exhibitions remained open to visitors and the museum staff continued their work in the collections. Following Petrovics's reorganisation, the Modern Gallery, outlining the development of nineteenth-century Hungarian art, was reopened to the public in June 1920,[53] with works by the most recent generation housed in room XVII.[54]

Exile (30 November 1919 – January 1921)

After its counteroffensive failed to halt the advance of the Romanian army, the Revolutionary Soviet Government resigned on 1 August, its leaders fled to Vienna, and the Soviet Republic came to an end. In the ensuing political instability, comprehensive inquiries were launched into all areas of life, and people were called to account. Not even the Museum of Fine Arts was exempt. At the end of August, the minister for religion and public education ordered an inquiry[55] into the conduct of museum officials under the Soviet Government. As part of the inquiry,[56] disciplinary proceedings were launched against Kálmán Pogány and János Wilde, and they were temporarily suspended them from their posts. In addition, several museum employees were interrogated, including those who had played no active role in the preceding months. As a result of the proceedings, Kálmán Pogány – who, from May 1919, had taken part in the military manoeuvres that successfully pushed Czechoslovak troops out of large areas of Upper Hungary, first in the rank of colonel then as a brigadier general of the Red Army – was dismissed from his position at the museum in September 1920 and was forced to take early retirement.[57] Under the circumstances, this can be seen as a surprisingly lenient sentence, which was partly owing to the intervention of Elek Petrovics.[58] The general director emphasised in his statement that Pogány had had the interests of the museum at heart during the operations of the directorate.[59] Although János Wilde was not dismissed, he was barred from promotion for six years, and the minister intended to transfer him to another museum.[60] Before he could do so, Wilde moved to Vienna, requesting six months' unpaid leave from October

55 MFA Archives, 547/1919.

56 MFA Archives, 688/1919.

57 Decision in the case of the disciplinary investigations against employees of the Museum of Fine Arts, in Gerelyes 1967, 365–367. Letter of the minister of religion and public education to the Budapest Royal Public Prosecutor's Office, in which he writes that he is sending the documents related to the disciplinary proceedings against Dr Kálmán Pogány and Dr János Wilde, in *A magyar Tanácsköztársaság képzőművészeti élete* 1960, 159–160.

58 Szabó 1973, 205.

59 Statement by Dr Elek Petrovics on the conduct of the staff of the Museum of Fine Arts during the Soviet Republic, in Gerelyes 1967, 336.

60 MFA Archives, 517/1920. Decision in the case of the disciplinary investigations against employees of the Museum of Fine Arts, in Gerelyes 1967, 365–367. Letter from the minister of religion and public education to the Budapest Royal Public Prosecutor's Office, in which he states that he is sending the documents related to the disciplinary proceedings against Dr Kálmán Pogány and Dr János Wilde, in *A magyar Tanácsköztársaság képzőművészeti élete* 1960, 161.

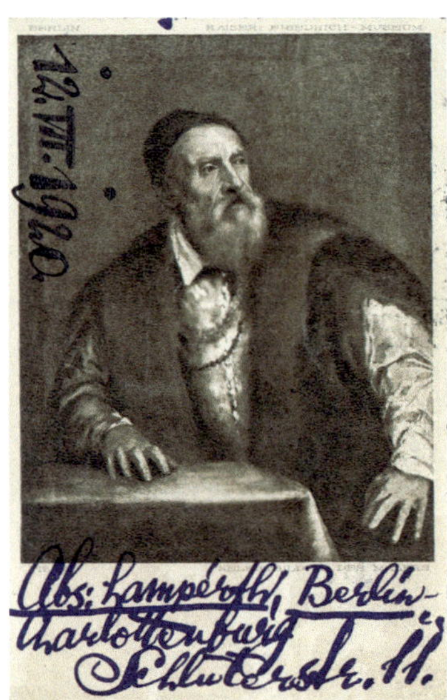

32. Nemes Lampérth József berlini
képeslapja Hoffmann Edithnek |
József Nemes Lampérth's postcard
to Edith Hoffmann from Berlin, 1920

1920, which he subsequently extended several times. Eventually, in December 1922, he was dismissed from his position at the Museum of Fine Arts by ministerial order.[61]

The public inquiries and interrogations even extended to artists. On 31 October 1919, the Budapest police summoned József Nemes Lampérth for questioning.[62] He acknowledged that the state had purchased works from him via the Directorate of Art, and that he had been employed as a teacher at the Proletarian Workshop for the Teaching of the Fine Arts. However, he denied that he had been a member of the committee for the state appropriation of artworks, or that he had known anything about it. He accounted for the charges by claiming that the people who were testifying against him held different artistic views. There were no further interrogations: fearing the kind of reprisals that had been experienced by his friends, Nemes Lampérth left Hungary in mid-November 1919 and was no longer in his Dohány Street apartment when the police came looking for him. He arrived in Berlin on 30 November, where he once again faced hardships and an immense amount of work. While in Berlin, the investigation against him was terminated[63] on the basis of a resolution of the Budapest Public Prosecutor's Office, dated 17 February 1920, since no evidence of guilt could be found.

The staff at the Museum of Fine Arts did their best to support the struggling artist, even in emigration. His regular letters to Edith Hoffmann [figs. 16, 32] at the Department of Prints and Drawings provide an overall picture of his everyday life: he included detailed accounts of his impressions of the city, his experiences in its museums, and changes in his state of mind. He also shared his professional plans, emphasising that although he would prefer to paint figural studies, his financial

61 MFA Archives, 1920/1922.
62 Interrogation of the painter József Nemes Lampért [sic] by the Budapest state police, in *A magyar Tanácsköztársaság képzőművészeti élete* 1960, 162–163.
63 Ibid., 210.

difficulties forced him to focus on landscapes and architectonic subjects instead. His goal was to come up with "a complete and splendid solution" to his 1912–1913 landscape-related problems.[64] Besides his everyday life and artistic aspirations, his letters contain further details; they give us an idea of his excessive, almost manic working tempo and his struggle to make ends meet. His plans for the future included finding an opportunity to exhibit his work and make a name for himself in the German capital. He waited impatiently, often despairingly, for a chance to prove himself. Eventually, his hard work paid off. Based on a promise given in March 1920, he showed nineteen of the works he had produced in Berlin[65] at a group exhibition in the Galerie Gurlitt in October. [fig. 17] He considered these vast works, painted in coloured ink, to be larger-scale renditions of his earlier landscape compositions – their final, mature versions.[66] Although he worked primarily in coloured ink during his stay in Berlin,[67] his new surroundings inspired him to experiment with new graphic techniques. He produced lithographs[68] and copperplate engravings, which he talked about enthusiastically in his letters. He felt such a strong attachment to Edith Hoffmann, and, through her, to the Museum of Fine Arts, that in August 1920 he sent the Department of Prints and Drawings a copy of his lithographs *Landscape* (cat. no. 27) and *Self-portrait*[69] (cat. no. 26) as a gift. A year later, on 15 October 1921, the museum purchased from him two copperplate engravings of female nudes (cat. no. 28, 29) (each for a price of 200 kronen). Although in terms of quality these latter works fall short of his ink drawings, the purchase was presumably made in an attempt to support the artist, who by this time was suffering from nervous exhaustion.

64 Letter from József Nemes Lampérth to Edith Hoffmann. Berlin, 23 December 1919. MFA-CERIAH ADC, 19303/1976, published in Horváth 1960.

65 *Kollektiv Ausstellung Walter Dexel, Ralf Voltmer, Joseph Nemes Lampérth, László Moholy-Nagy.* Galerie Fritz Gurlitt. Berlin, October 1920. MFA-CERIAH ADC, 1866/1925.

66 Letter from József Nemes Lampérth to Edith Hoffmann, Berlin, 30 May 1920. MFA-CERIAH ADC, 1865/1925, published in Horváth 1960.

67 He produced no oil paintings at all while in Berlin, due to the high cost of the materials. He explained this himself in a letter. See MFA-CERIAH ADC, 1865/1925.

68 Postcard from József Nemes Lampérth to Edith Hoffmann. Berlin, 9 February 1920. MFA-CERIAH ADC, 1860/1925, published in Horváth 1960.

69 Although the lithograph was entered into the acquisition register under the title *Portrait of a Man*, and the work is also referred to by this title in the letter of thanks sent to the artist, Nemes Lampérth himself states in a postcard written to Edith Hoffmann that it was in fact a self-portrait. He also recounts that on 19 February 1920, he saw the proof prints and made corrections to the lithographic stone. Postcard from József Nemes Lampérth to Edith Hoffmann, Berlin, 19 February 1920. MFA-CERIAH ADC, 1860/1925.

Participation in the Berlin exhibition opened up new paths for Nemes Lampérth. There he made the acquaintance of the Swedish collector Alfred Gustav Ekström, who was a huge admirer of his work.[70] Ekström purchased several ink paintings and generously invited the artist to his home in Saltsjöbaden, near Stockholm. Nemes Lampérth set off immediately after the exhibition, reaching the small Swedish town in late October. Although his host catered to his every need, the tranquil surroundings did not prove beneficial. His nervous system, weakened by the intensity of his work in Berlin, extreme poverty, and hunger, could no longer take the strain. Following episodes of recurring depression, he eventually suffered a nervous breakdown. His outbreaks of rage and aggression meant that he could no longer enjoy the family's hospitality. He returned to Berlin in mid-December and from there travelled home to Hungary via Vienna.

Final years (January 1921 – May 1924)

In January 1921, on his return to Pest, he was admitted to the Angyalföld Psychiatric Clinic,[71] [fig. 18] where he began a course of medical treatment lasting several months. His psychological state made him more dependent than ever on his friends, and they endeavoured to provide him with all the support he needed. Together they attempted to track down the artworks and personal belongings that he had left behind in Vienna, which the painter, in his troubled state, could give no account of. Edith Hoffmann, János Wilde, Ferenc Wilde, and László Moholy-Nagy

70 Letter from László Moholy-Nagy to Edith Hoffmann, Berlin, 2 January 1921. MFA-CERI-AH ADC 1884/1925.

71 The building that once stood on the corner of what is today Róbert Károly Boulevard and Lehel Street was demolished in the 1980s. Today, it is the Psychiatric and Neurological Department of the Nyírő Gyula Hospital.

kept up an intense correspondence with his acquaintances in the hope that they would come up with the missing items. They were eventually located by László Moholy-Nagy in late January, during a visit to Vienna.[72] Moholy-Nagy also tried to help his fellow artist in many other respects. His warm letters to Edith Hoffmann reveal his almost brotherly concern, love, and sense of responsibility, and express his anxiety about his friend's condition and financial difficulties. He even attempted to find a long-term solution to the latter by selling Nemes Lampérth's paintings and drawings in Sweden.

During his months in the Angyalföld clinic, there was only a slow improvement in the artist's depression and lethargy. His family and acquaintances, who visited him regularly, tried to have him transferred to the highly reputed Moravcsik Clinic,[73] in the hope of hastening his recovery. Among his friends at the museum, it was Edith Hoffmann who did most on his behalf. They corresponded regularly, and she also visited him in person and helped him in everyday affairs. Unsurprisingly, when his transfer to another clinic was being planned, it was Edith Hoffmann whom the Lampérth family asked to support József by accompanying him during the move. Although the transfer did not in the end take place, the family's request suggests the confidence they had in the artist's patrons. Even the hospital tried to do everything in its power to facilitate his recovery. Yet despite being provided with the necessary equipment, his condition – by his own admission – made him almost incapable of working. His efforts resulted in the few surviving drawings that can be associated with his surroundings at the hospital – sketches of the staff and the hospital buildings (cat. no. 31). [figs. 19, 33] These works, however, "merely charted his moods"[74] and lack

72 Letter from László Moholy-Nagy to Edith Hoffmann, Vienna, 1 February 1921. MFA-CE-RIAH ADC 1889/1925.
73 Today the Psychiatric and Psychotherapeutic Clinic of Semmelweis University, it was once known as the Moravcsik Clinic, after its founder and first director, Ernő Emil Moravcsik.
74 Pátzay 1924, 355.

the structural tension of his earlier works. They convey only a sense of lethargy and sorrow concealed behind the black ink.

József Nemes Lampérth did his best to acknowledge the help he had received; he expressed his gratitude to his friends by giving what was dearest to him – his works[75] – often adding a personal message to the recipient. In addition to his friends, he regularly sent works to the museum. His final gifts were made on 26 January 1922, when he donated the drawing *House Walls* (cat. no. 24) to the museum, and in April, when he donated the ink drawing *Self-portrait* (cat. no. 8). Edith Hoffmann personally thanked him for both.

Conditions in the Angyalföld clinic placed a huge strain on the painter's sensitive nerves, thus he reported to his friends with understandable delight[76] when he was discharged on 25 March 1922. However, his initial enthusiasm quickly waned, his zest for work failed to return, and his earlier hallucinations and mood swings reappeared, eventually alarming those around him.[77] His friends finally realised that his steadily worsening condition required permanent medical care. It was then that "a friend had him seen by a doctor, who took him to the sanatorium on István Road. From there, he was transferred to the Moravcsik Clinic, and from there he was brought here [to the Lipótmező Royal Hungarian State Psychiatric Clinic] after one and a half days, having got into a fight there."[78] Nemes Lampérth was admitted to the Lipótmező Psychiatric Clinic on 17 November, where he was diagnosed with paranoid schizophrenia. His friends and doctors joined forces in an attempt to help him channel his inner tension towards creative work. However, this proved impossible, and he produced no more works of art. His earlier mood swings, fluctuating between aggressive episodes and

75 Works by Nemes Lampérth were owned by Edith Hoffmann, Kálmán Pogány, János Wilde, Ferenc Wilde, and Pál Pátzay, several of which were gifts from the artist.

76 Letter from József Nemes Lampérth to János Wilde, Budapest, 28 March 1922. Institute of Art History, HUN-REN Research Centre for the Humanities, Documentation Department, MKCS-C-I-77/1920.

77 Verbal communication of Mrs Lucy Pátzay, née Liebermann. Source: Pertorini–Szíj 1966, 401.

78 Case history, Hungarian Royal State Psychiatric Institute, Lipótmező, Budapest. Ottó Mezei bequest, Institute of Art History, HUN-REN Research Centre for the Humanities, Documentation Department.

periods of apathy, became everyday occurrences. The rage and abusive behaviour triggered by his hallucinations were often directed against his doctors, nurses, and friends, who nevertheless stuck by him, as proved by the fact that his friend, the painter Zsigmond Walleshausen, was named on his case notes as the person to whom official notice was to be sent, while Edith Hoffmann also visited him on several occasions. When he failed to improve, he was transferred to the psychiatric ward of the Erzsébet Public Hospital in Sátoraljaújhely on 16 May 1923. His friends continued to fight for him, doing everything they could to have him sent back to Budapest. Edith Hoffmann, Pál Pátzay, and János Kmetty drafted a petition to the ministry for his transfer; it was signed jointly, and Elek Petrovics added a few lines in support.[79] [fig. 20] Nemes Lampérth was delighted to hear of the initiative. In his last known letters to Zsigmond Walleshausen, he expressed his hope that the transfer would take place as quickly as possible. At the same time, he asked forgiveness for his earlier rudeness. The official procedure proved too slow. Although permission from the ministerial council for his transfer to the Angyalföld psychiatric clinic was granted on 2 May 1924, [fig. 21] Nemes Lampérth never learned of it. He died in Sátoraljaújhely on 19 May 1924. His death was not mentioned in the newspapers, thus his friends "rushed to his aid" once again, for the final time. A lengthy commemorative article was published in *Ars Una*, the journal edited by his one-time "discoverer" Kálmán Pogány, in which his friend Pál Pátzay summarised the crucial moments in his life and art.[80] The memory of Nemes Lampérth was then buried for many years, and it was only in the early 1960s, thanks to the painstaking research carried out by Mrs Zsuzsa Pataky Molnár, that he was once again acknowledged as part of the Hungarian artistic canon.[81]

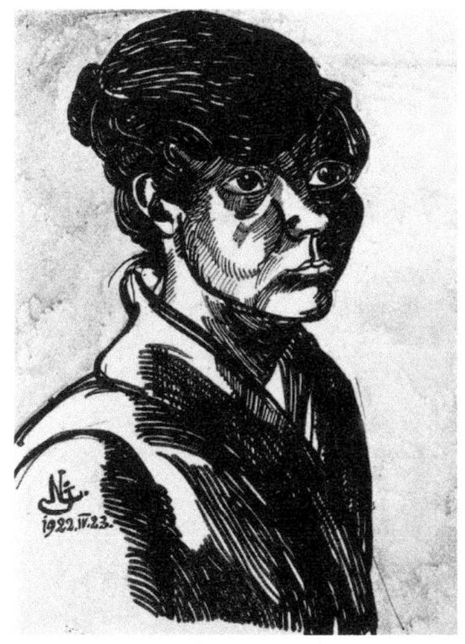

33. Nemes Lampérth József: *Ápolónő* | József Nemes Lampérth: *Nurse*, 1922

79 Draft ministerial petition, MFA-CERIAH ADC 14207/61.
80 Pátzay 1924.
81 *Nemes Lampérth Commemorative Exhibition*, exh. cat. (Budapest: Hungarian National Gallery, 1963); "Nemes Lampérth emlékkiállítása" (Nemes Lampérth Commemorative exhibition), *István Király Múzeum Közleményei* 25 (1963); Molnár 1967.

Dr Elek Petrovics (see p. 34)

(see p. 34)

(Deregnyő [now Drahňov, Slovakia], 1873 – Budapest, 1945),
director and later director general of the Museum of Fine Arts; writer on art

Petrovics was fascinated by the world of art from childhood[1] – as a schoolboy, he himself painted and wrote, although in the end he studied law at university. In 1896, he obtained a doctorate in political science and began working as a civil servant in the Ministry of the Interior. In the meantime, he did not entirely abandon his interest in the arts: he read books on fine art, visited exhibitions, wrote reviews, and cultivated friendships with a growing number of painters.[2] He was a close friend of some of the most prominent artists of his day, including József Rippl-Rónai, Károly Kernstok, and Károly Ferenczy. In 1914, on the recommendation of Pál Majovszky,[3] Petrovics was appointed director of the Museum of Fine Arts.[4] In 1921, he became director general, a position he held until 1935, and it was under his tenure that the museum enjoyed one of its most successful periods. He did everything possible to expand the museum's collections, selecting new acquisitions with remarkable perspicacity.

Although the only evidence of his connection with József Nemes Lampérth is a single New Year's greetings card,[5] there can be no doubt that he recognised the merits of the artist's work. Nemes Lampérth himself wrote in a letter to his friend János Wilde[6] that the director, Mr Petrovics, had purchased his painting *On the Slopes of Gellért Hill* (cat. no. 19) in June 1917 from a group exhibition at the National Salon. When writing to his friends, the artist always referred to Petrovics with the greatest respect.

---

1 Péter Molnos, "Petrovics Elek (1873–1945)", *Enigma* no. 47 (2006): 219–42.

2 Ibid.

3 Between 1894 and 1917, Majovszky was a member of staff, and later head, of the Department of Art Affairs of the Ministry of Religion and Public Education.

4 Museum of Fine Arts Archives 484/1914.

5 Greetings card from Nemes Lampérth to Elek Petrovics, 30 December 1917. Institute of Art History, HUN-REN Research Centre for the Humanities, Documentation Department, MKCS-C-I-169/164.

6 Letter from Nemes Lampérth to János Wilde, 23 June 1917. Institute of Art History, HUN-REN Research Centre for the Humanities, Documentation Department, MKCS-C-I-77/1864.

Dr Edith Hoffmann (see p. 36)

(see p. 36)

(Brassó [now Braşov, Romania], 1888 – Budapest, 1945),
head of the Department of Prints and Drawings at the Museum of Fine Arts; art historian, curator

Edith Hoffmann's entire life was devoted single-mindedly to the service of the museum and scholarship. Even early on, when applying to university, her one ambition was to become an eminent art historian.[7] After studying in Vienna and Budapest, she was awarded a doctorate in 1910 and began work as an intern at the Hungarian National Museum. In 1913, Simon Meller invited her to join the Museum of Fine Arts, where she worked as a curator in the Department of Prints and Drawings until 1920, before becoming head of the department in 1921. Although initially responsible for managing the collection of prints, her interest later turned towards nineteenth-century Hungarian painting. From 1921, her research focused on the miniatures in the Corvina codices. In 1936, she was appointed deputy director of the museum, a position that she held until her death. Even amidst the dangers of the Second World War, she did everything in her power to safeguard the collection. In fact, she was hurrying to reach the museum when she was tragically run over and killed by a military truck.

Letters and postcards sent to her by József Nemes Lampérth between December 1919 and 1924 have survived as part of the correspondence she exchanged with a number of artists. These provide an account of the period following the artist's emigration, a written record of his struggle to make a living in Berlin and have his work recognised. They also document his nervous breakdown and the final years of his life. Through the correspondence, we are given a glimpse into his friendship with Edith Hoffmann, whose help and support he could count on no matter what – whether to locate lost possessions or request a transfer to a hospital in Budapest.

---

7 *Dr. Hoffmann Edith Emlékkiállításának katalógusa* (Catalogue of the Dr Edith Hoffmann Commemorative Exhibition) (Budapest, 1948).

Dr Kálmán Pogány (see p. 38)

(see p. 38)

(Pelsőc [now Plešivec, Slovakia], 1882 – Budapest, 1951),
 art historian, editor of the journal *Ars Una*

Kálmán Pogány's professional commitment and passion for the arts were beyond question. Not only were these qualities recognised by his superior, Elek Petrovics,[8] but they were also proved by his own actions. On 27 December 1918, Pogány risked his life to ensure that the twenty most important paintings held in deposit for the state in Kolozsvár [today Cluj-Napoca, Romania] were delivered to Budapest to safeguard them from the occupying Romanian troops.[9] Having graduated from the University of Budapest, he began work at the Museum of Fine Arts in March 1908, initially as an intern, then, from 1915, as a curator. In the early days of the Hungarian Soviet Republic, he was appointed president of the Directorate of Art and Museums: he took part in the state appropriation of privately owned artworks and in the organisation of the *First Exhibition of Artworks Taken into Public Ownership*. From May 1919, he took part in the Red Army's campaigns, successfully driving out Czechoslovak troops from a significant area of Upper Hungary. After the collapse of the Hungarian Soviet Republic, and following lengthy proceedings, he was forced to take early retirement in September 1920. He subsequently wrote articles for journals, created professional inventories of a number of private collections, and was editor of the journal *Ars Una* in 1923–1924.

Kálmán Pogány was not only a good friend to József Nemes Lampérth but also fulfilled the role of mentor. It was Pogány who discovered the talented young artist in the reading room of the Museum of Fine Arts' Library[10] in the early 1910s, and who subsequently introduced him to his colleagues. Pogány also assisted the destitute painter in later years, providing him with clothes and food. He had the greatest respect for Nemes Lampérth's art, even going as far as to claim to see in him "the path to the advancement of Hungarian painting and drawing".[11]

8 Statement by Dr Elek Petrovics on the conduct of the staff of the museum during the Soviet Republic. 26 September 1919, in Gerelyes 1967, 336–9.
9 Szabó 1973, 204; Jenő Murádin, "Állandósult ideiglenes veszteségek – Az országos képtár gyűjteményéből vidékre kölcsönzött művek sorsa – I. rész: Kolozsvár, Erdélyi Nemzeti Múzeum" [Temporary losses made permanent – The fate of artworks from the national collection on loan outside the capital – Part I: Kolozsvár, Transylvanian National Museum], *MúzeumCafé* vol. 7, no. 6 (January–February 2013): 36.
10 Letter from Ferenc Wilde to Zsuzsa Molnár. 29 November 1962. Institute of Art History, HUN-REN Research Centre for the Humanities, Documentation Department, MKCS-C-I-77/1752.
11 Szabó 1973, 210.

Dr János Wilde (see p. 40)
(see p. 40)

(Budapest, 1891 – Dulwich, England, 1970),
art historian, university professor

János Wilde's remarkable talents as an art historian and his profound erudition were recognised at a young age. Having attended university in Vienna and Budapest, he worked as a voluntary research assistant at the Museum of Fine Arts from 1913. He studied for his doctorate in Vienna between 1915 and 1917 and was awarded his degree in summer 1918. In October, he was appointed as an assistant curator at the Museum of Fine Arts, on the recommendation of Elek Petrovics. In 1919, under the Hungarian Soviet Republic, he became a member of the Museum Directorate and of the Committee for the State Appropriation of Artworks. He took part in the requisition of privately owned artworks for the state and in the organisation of the *First Exhibition of Artworks Taken into Public Ownership*. Following the collapse of the Soviet Republic, he was denied the right to promotion for six years due to his earlier activities.[12] In June 1920, he moved to Vienna, then, from October, he requested six months' unpaid leave, which he subsequently extended several times. He worked at the Kunsthistorisches Museum between 1923 and 1938, then moved to England, where he spent the remainder of his life.

He was introduced to József Nemes Lampérth by Kálmán Pogány, likewise in the library of the Museum of Fine Arts. A deep friendship developed between them, which lasted until the very end of the painter's life. Wilde supported his friend both financially and intellectually and tried to provide for him as far as he could. Thanks to the correspondence preserved by Wilde's brother, Ferenc, the deepening friendship between the two men is well documented. The extant letters and postcards allow a glimpse into the minutiae of Nemes Lampérth's life.

12 MFA Archives 517/1920.

Biography of József Nemes Lampérth

1891
13 September | Birth of József Nemes Lampérth.

1907–1911
Attends the Municipal Technical Drawing School.

1908–1910
Attends the National Hungarian Royal School of Applied Art.

1910
November | Takes part in the Művészház (Artists' House) Winter Exhibition, the so-called Anti-Salon.

Early 1910s | Makes the acquaintance of Kálmán Pogány and János Wilde in the library of the Museum of Fine Arts.

1911
Summer | Works at the artists' colony in Nagybánya [today Baia Mare, Romania].

September | Takes part in the non-juried Művészház exhibition.

Autumn 1911 – spring 1912 | Attends the College of Fine Arts as a student with special status.

1912
June | Takes part in the second series of the 1912 non-juried Művészház exhibition.

October | During a visit to what was then Upper Hungary [today the northern part of Slovakia and southern Poland], he is inspired by the distinctive regional buildings.

December | His father dies.

1913
January | Takes part in the Művészház Palace Inauguration Exhibition.

Spring 1913 – summer 1914 | Lives in Paris.

1914
August | Enlists following the outbreak of the First World War on 28 July; takes part in training in Kaposvár.

August | His mother dies.

December 1914 – April 1915 | First tour of duty on the Galician Front.

1915
June – September | Second tour of duty on the Galician Front.

September 1915 – autumn 1916 | Convalesces in the Archduke Albrecht Barracks in Budapest, having been seriously wounded at the Front.

1916
Spring | Works in the studio of friend and fellow artist János Kmetty.

April | Takes part in the group show Young Artists at the Spring Exhibition of the National Salon (together with Rezső Diener-Dénes, Péter Dobrovic, Lajos Gulácsy, János Kmetty, Vilmos Perlrott-Csaba, and Béla Uitz).

Autumn | Moves into the home of his younger brother in Horgony Street, in the former Tabán district, near Gellért Hill.

December | Takes part in the National Salon's Winter Exhibition.

1917

June | Takes part in the National Salon Group Exhibition
(with painters Rezső Diener-Dénes, Péter Dobrovics, Andor Erős,
János Kmetty, and Armand Schönberger, and sculptor Géza Csorba).

July | Moves to Orbánhegyi Road.

August | Produces a series of ink drawings of the city streets,
houses, and railway signal box while staying with his sister
in Kolozsvár [today Cluj-Napoca, Romania].

1918

September | Takes part in the Third Demonstrative Exhibition
of the journal *MA*.

1919

2 May | Appointed as a teacher in the Department of Painting
of the Proletarian Workshop for the Teaching of the Fine Arts.

31 October | Interrogated by the Budapest Police following
the collapse of the Hungarian Soviet Republic on 1 August.

30 November | Moves to Berlin, fearing possible reprisals.

1920

February | In the absence of any proof of guilt, the investigation
against him is terminated.

March | Gallery owner Fritz Gurlitt promises to show his work.

October | Features in a group exhibition at the Galerie Gurlitt
in Berlin, together with László Moholy-Nagy and German painters.

31 October – mid-December | Stays in the Swedish town
of Saltjöbaden, near Stockholm, at the invitation of the Swedish
art collector Gustav Ekström.

Mid-December | Returns to Berlin following a nervous breakdown,
then sets off for Hungary.

1921

January | Arrives in Budapest via Vienna and is taken
by his friends to the Angyalföld Psychiatric Clinic.

1922

25 March | Discharged from the Angyalföld Clinic.

17 November 1922 – 16 May 1923 | Treated at the Lipótmező
Psychiatric Clinic due to his deteriorating condition.

1923

16 May | Transferred from Budapest to the psychiatric ward
of the Erzsébet Public Hospital in Sátoraljaújhely.

1924

22 February | His friends Edith Hoffmann, Pál Pátzay, and
János Kmetty, and museum director Elek Petrovics, petition
the ministry to have him transferred from Sátoraljaújhely
to Angyalföld.

2 May | The ministry grants permission for the transfer to Budapest.

19 May | Death of József Nemes Lampérth.

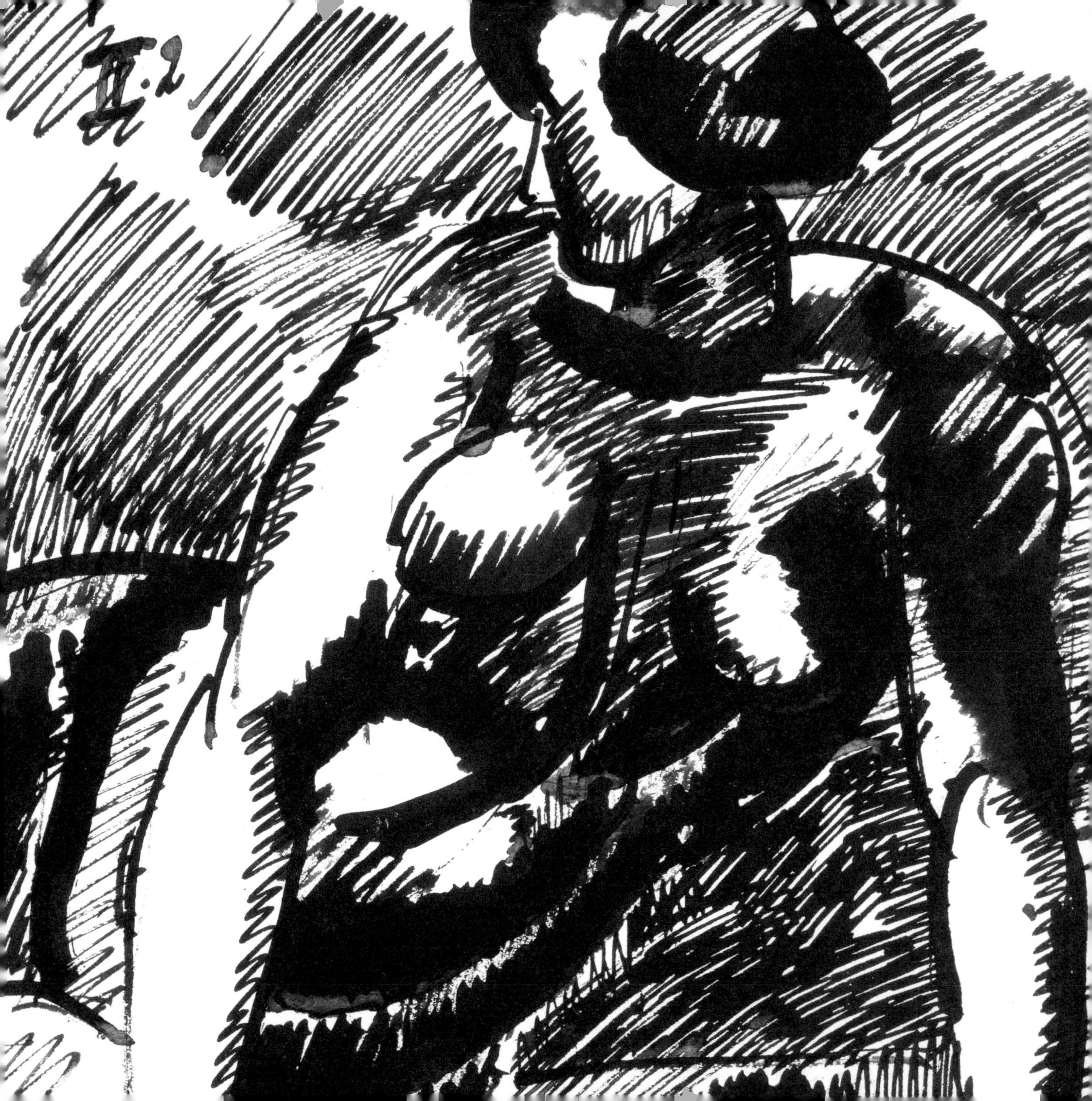

Katalógus | Catalogue

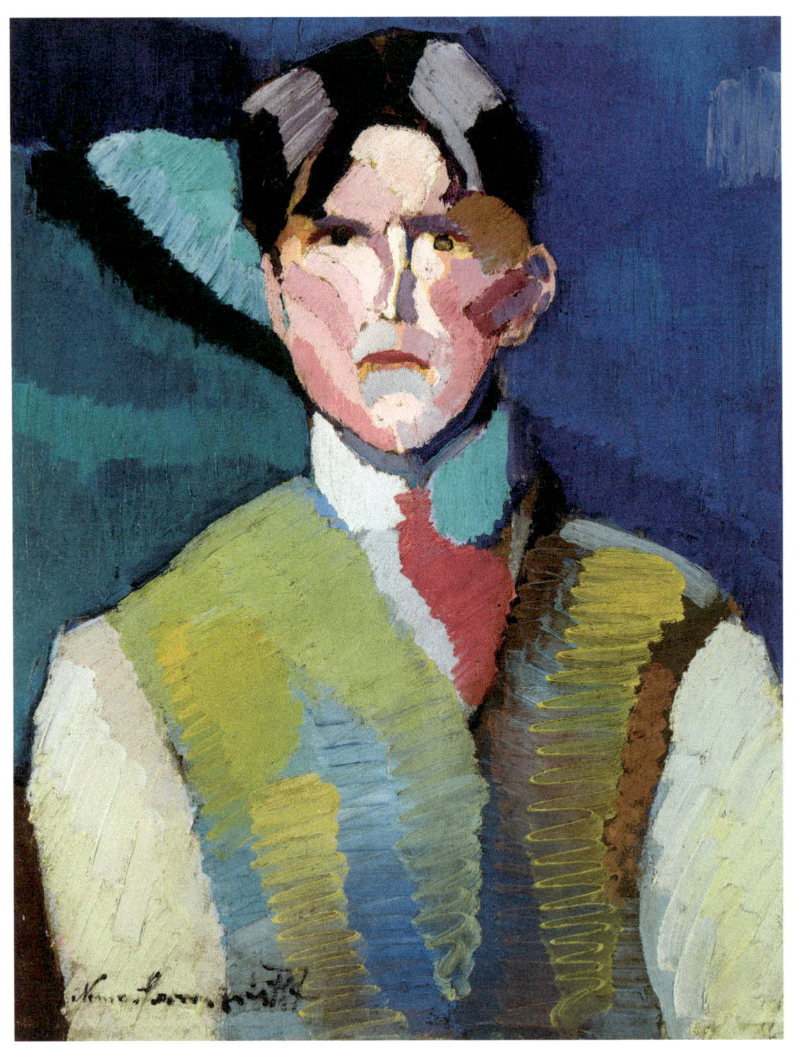

1. kat. sz. | cat. no. 1
Önarckép | Self-Portrait
1911

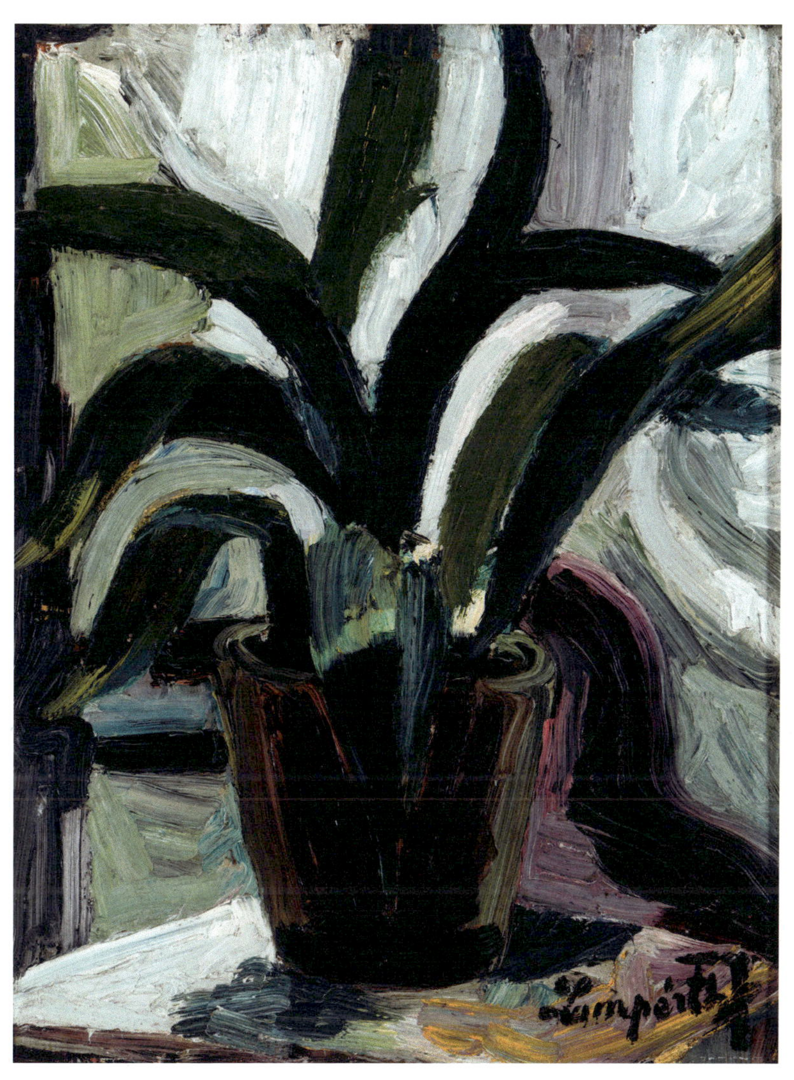

2. kat. sz. | cat. no. 2
Kaktusz | Cactus
1910

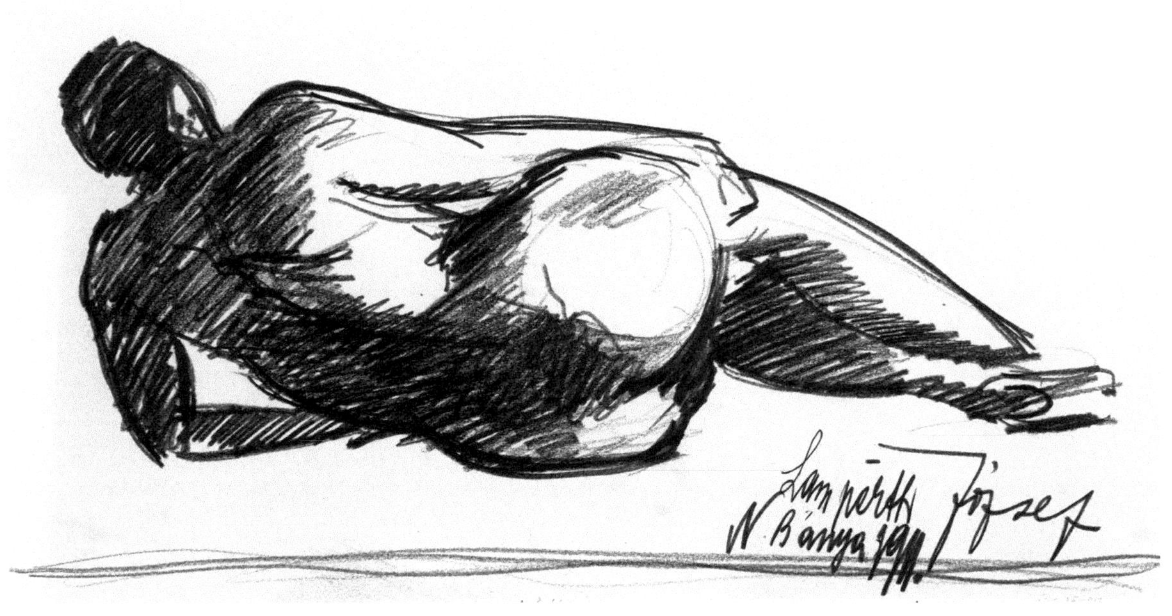

3. kat. sz. | cat. no. 3
Fekvő akt | Reclining Nude
1911

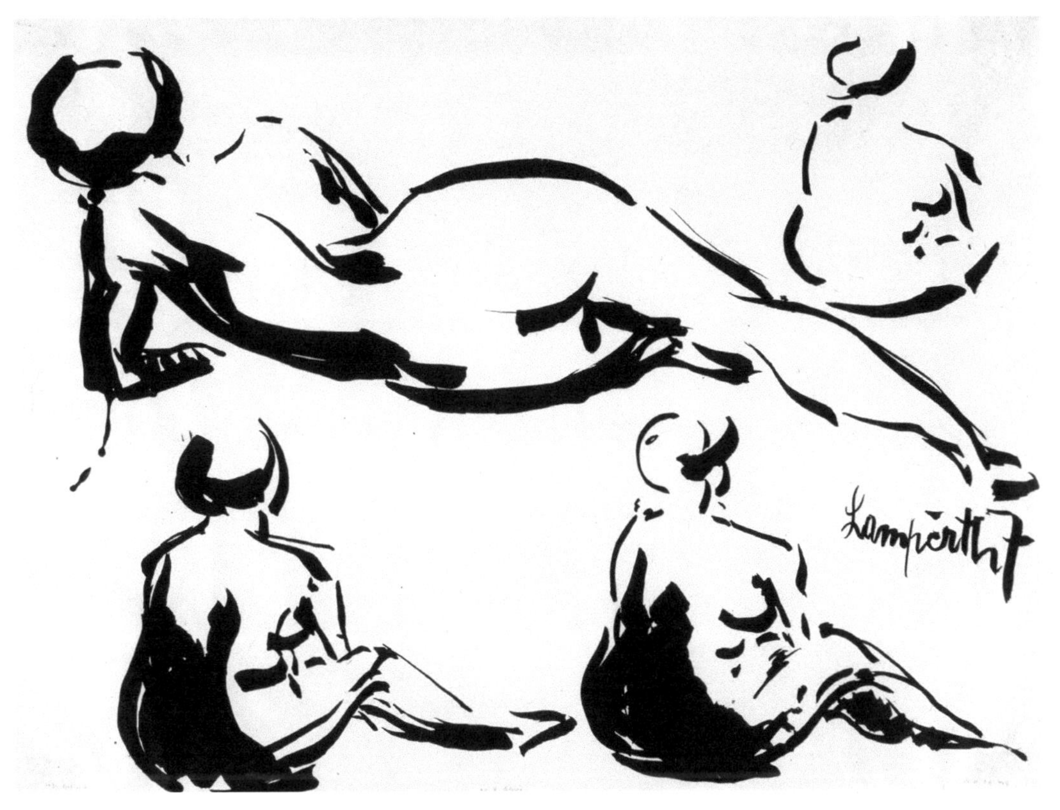

4. kat. sz. | cat. no. 4
Aktok | Nudes
1911

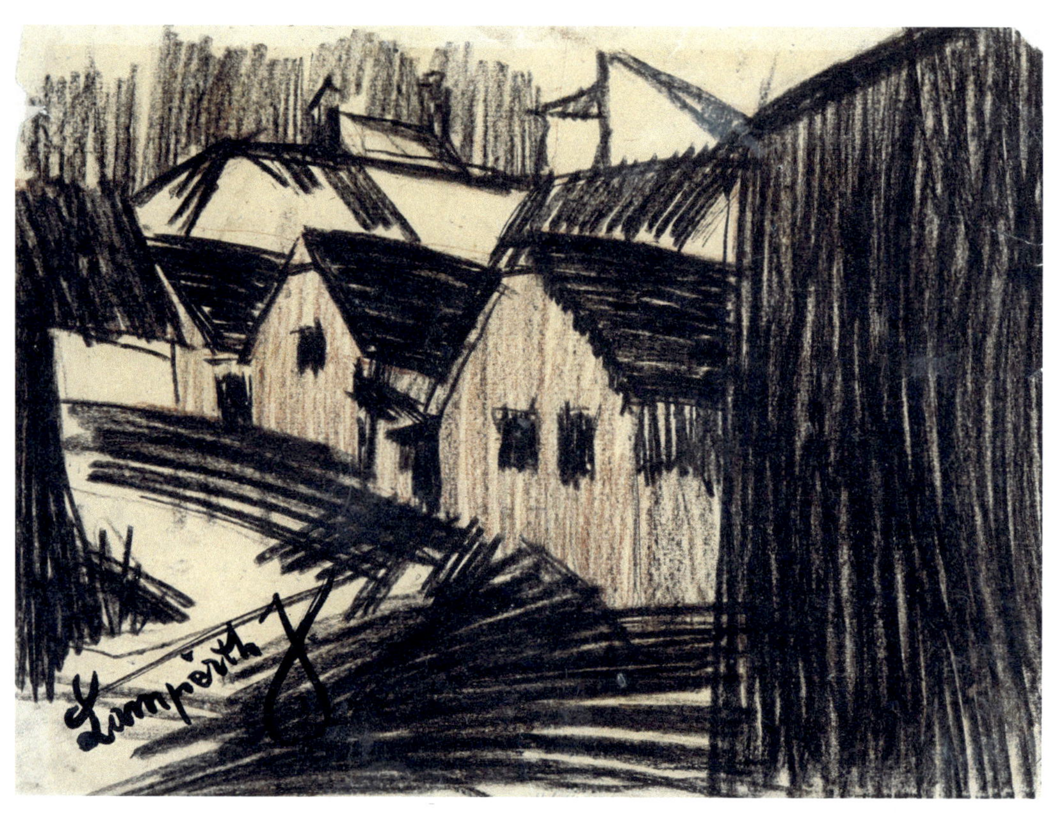

5. kat. sz. | cat. no. 5
Budai részlet | Detail of Buda
1911

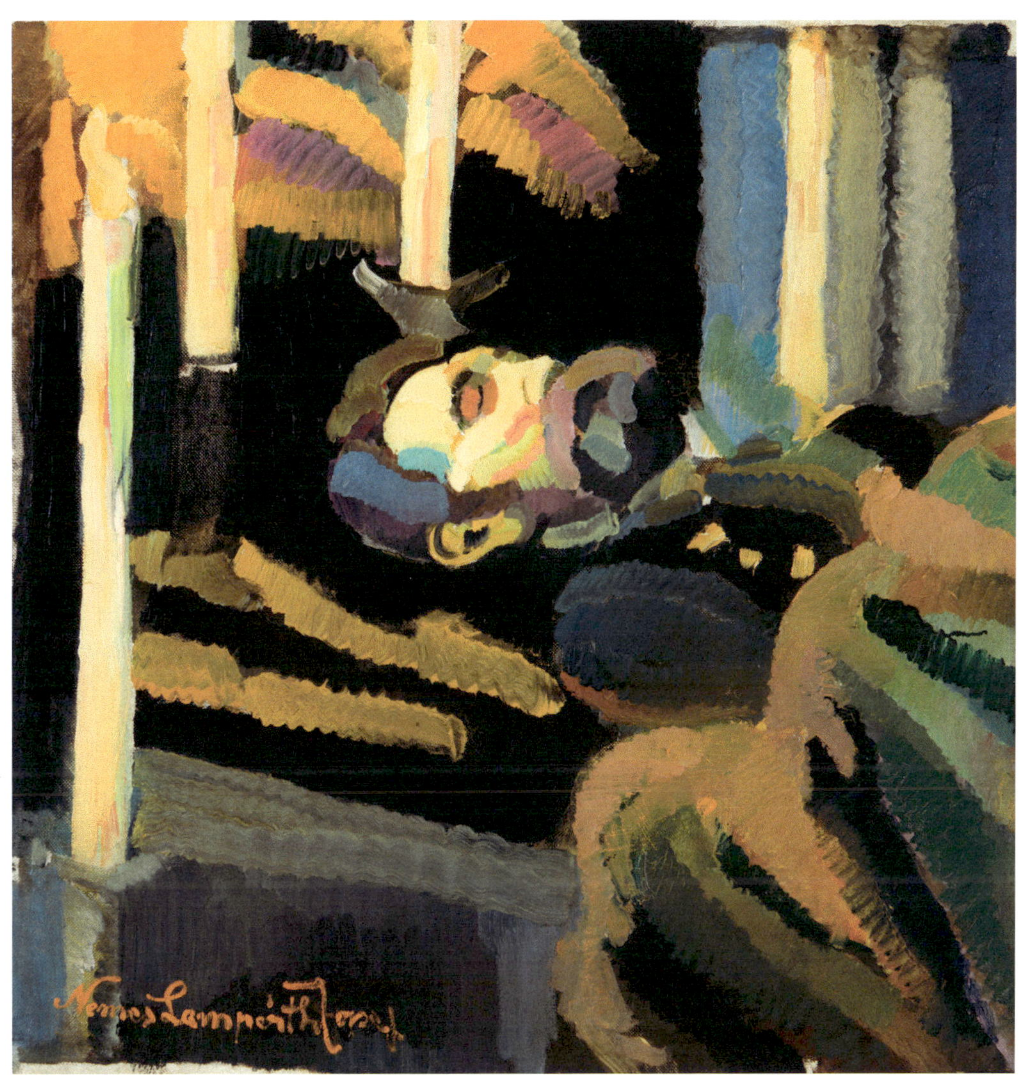

6. kat. sz. | cat. no. 6
A ravatal | The Catafalque
1912

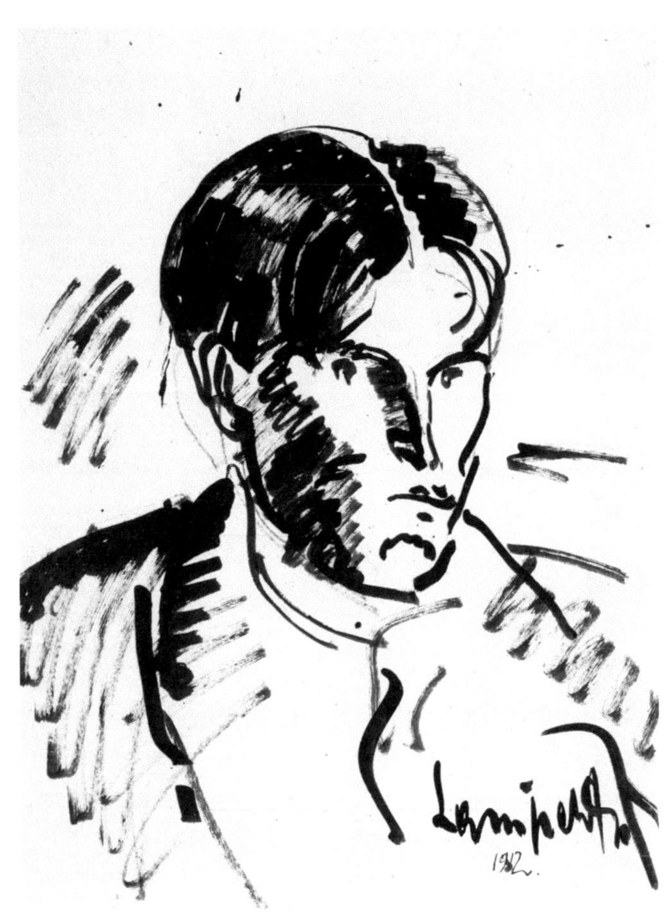

7. kat. sz. | cat. no. 7
Önarckép | Self-Portrait
1912

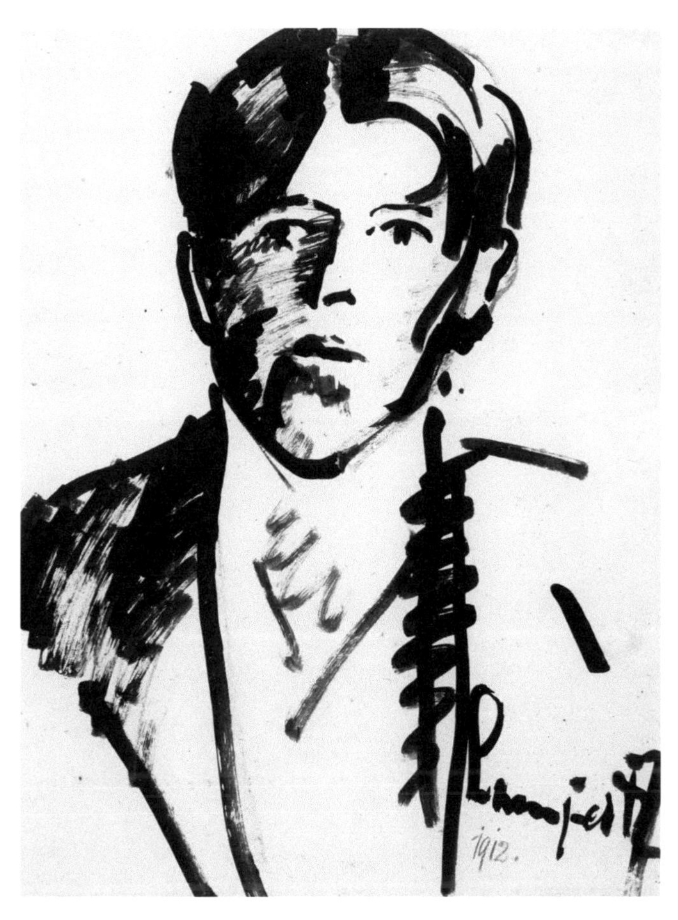

8. kat. sz. | cat. no. 8
Önarckép | Self-Portrait
1912

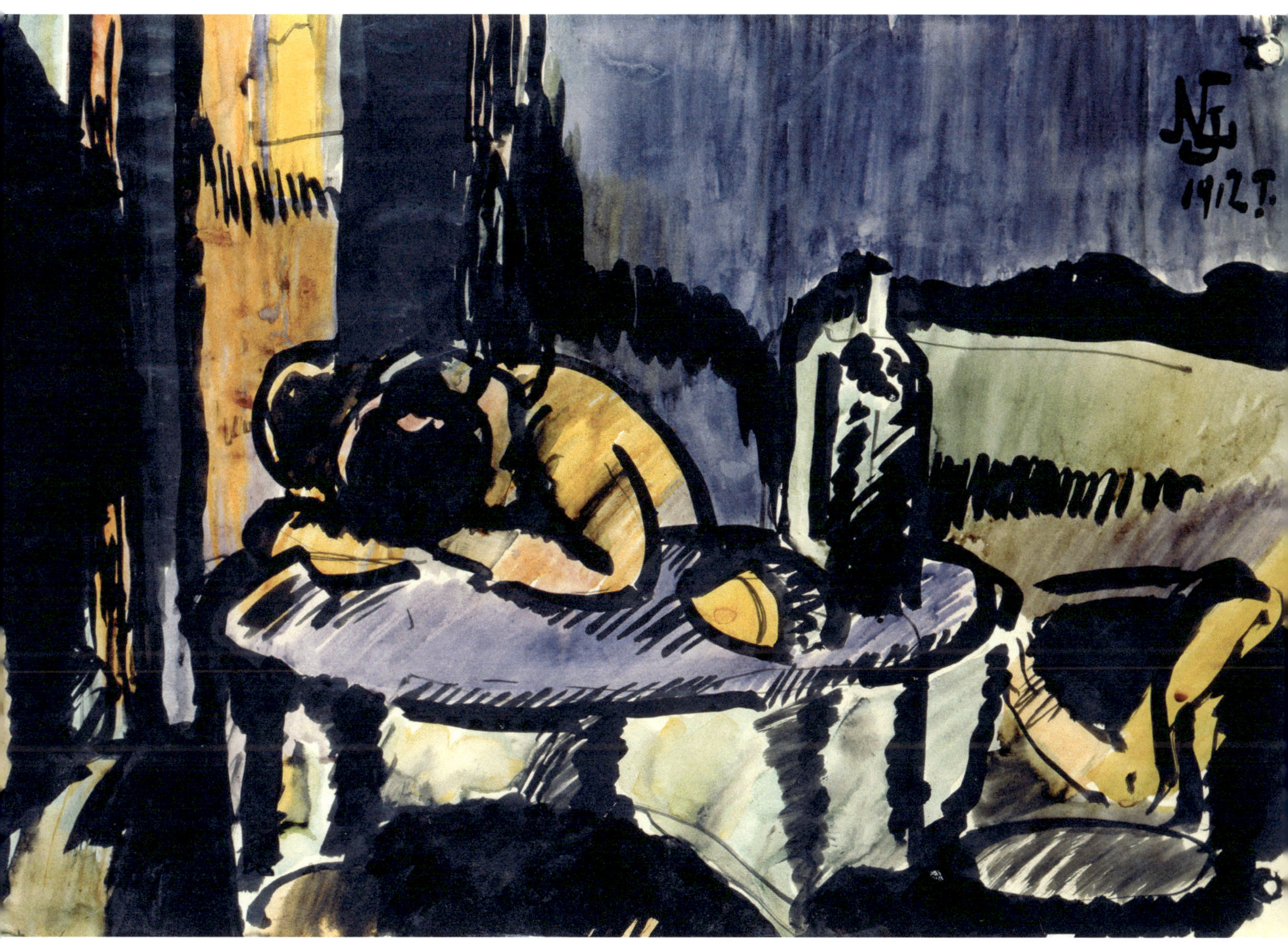

1912 T.

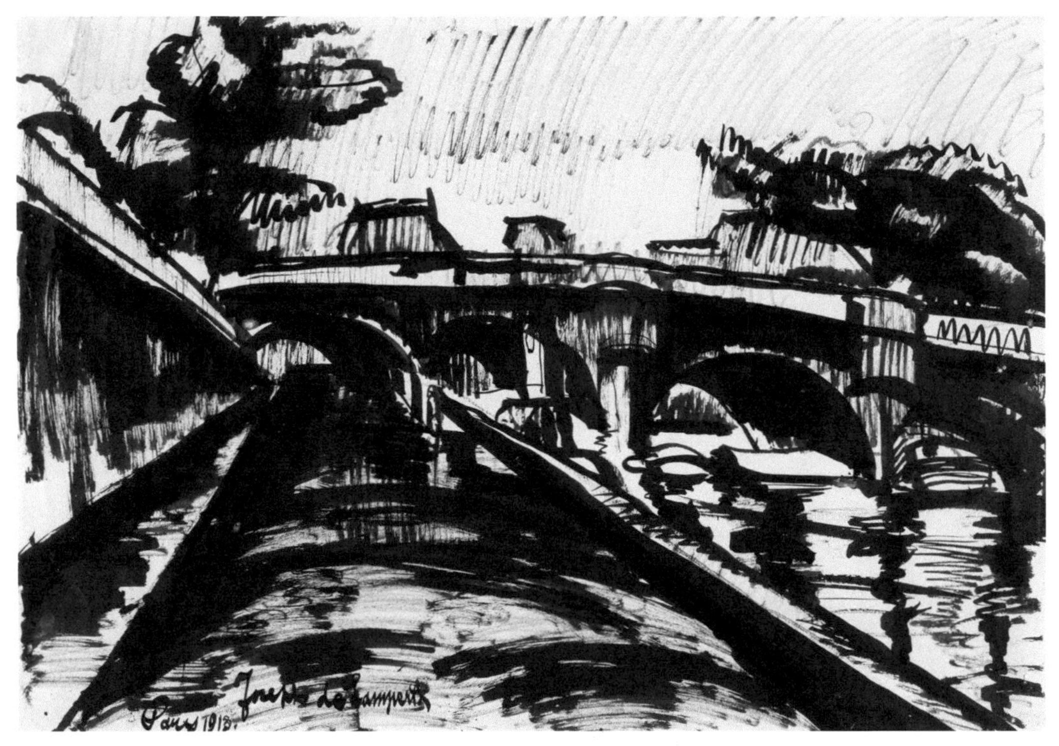

10. kat. sz. | cat. no. 10
A Pont Neuf | Pont-Neuf
1913

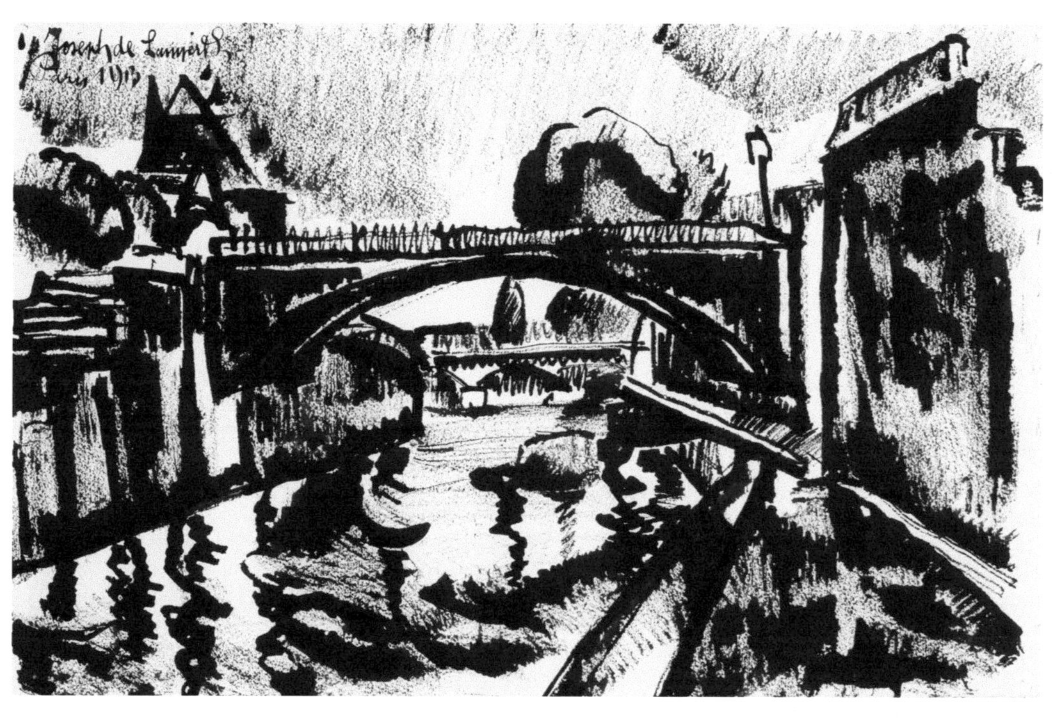

11. kat. sz. | cat. no. 11
Szajna-híd | Bridge on the Seine, Paris
1913

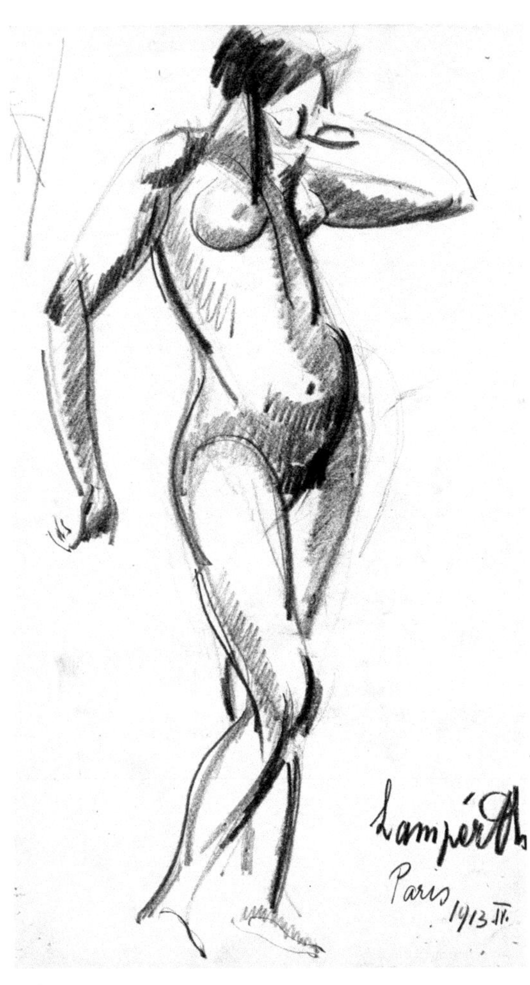

12. kat. sz. | cat. no. 12
Kontraposztban álló női akt | Standing Female Nude in Contrapost
1913

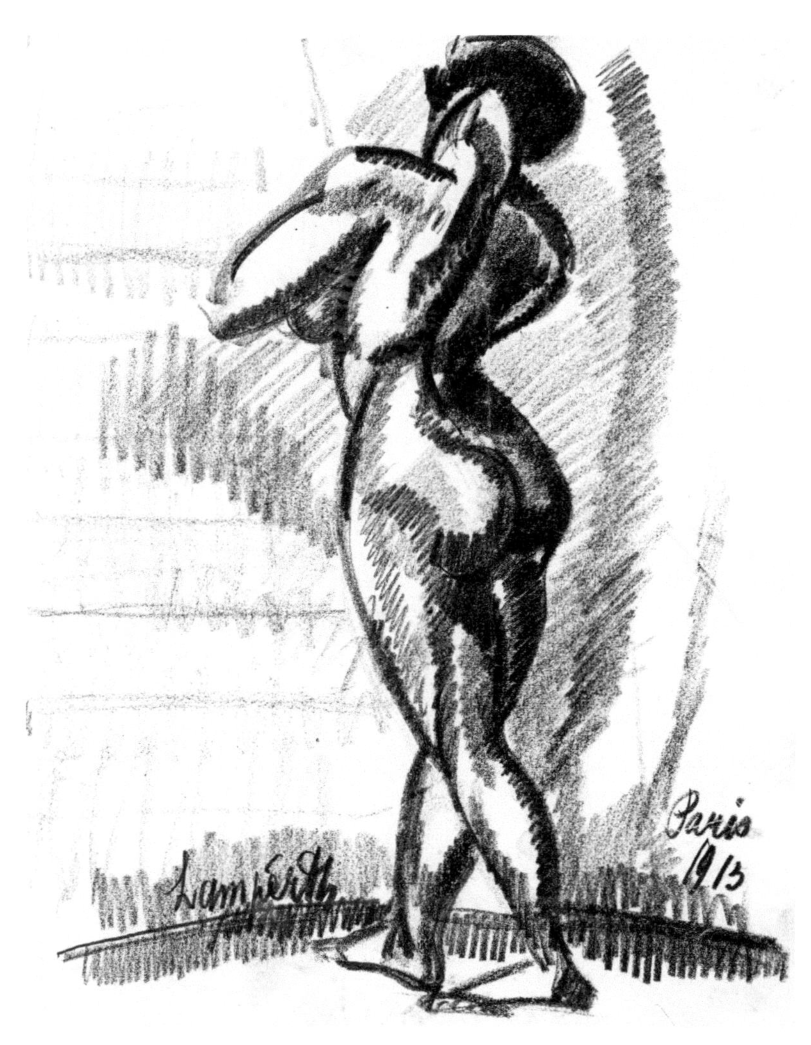

13. kat. sz. | cat. no. 13
Lépő női akt | Stepping Female Nude
1913

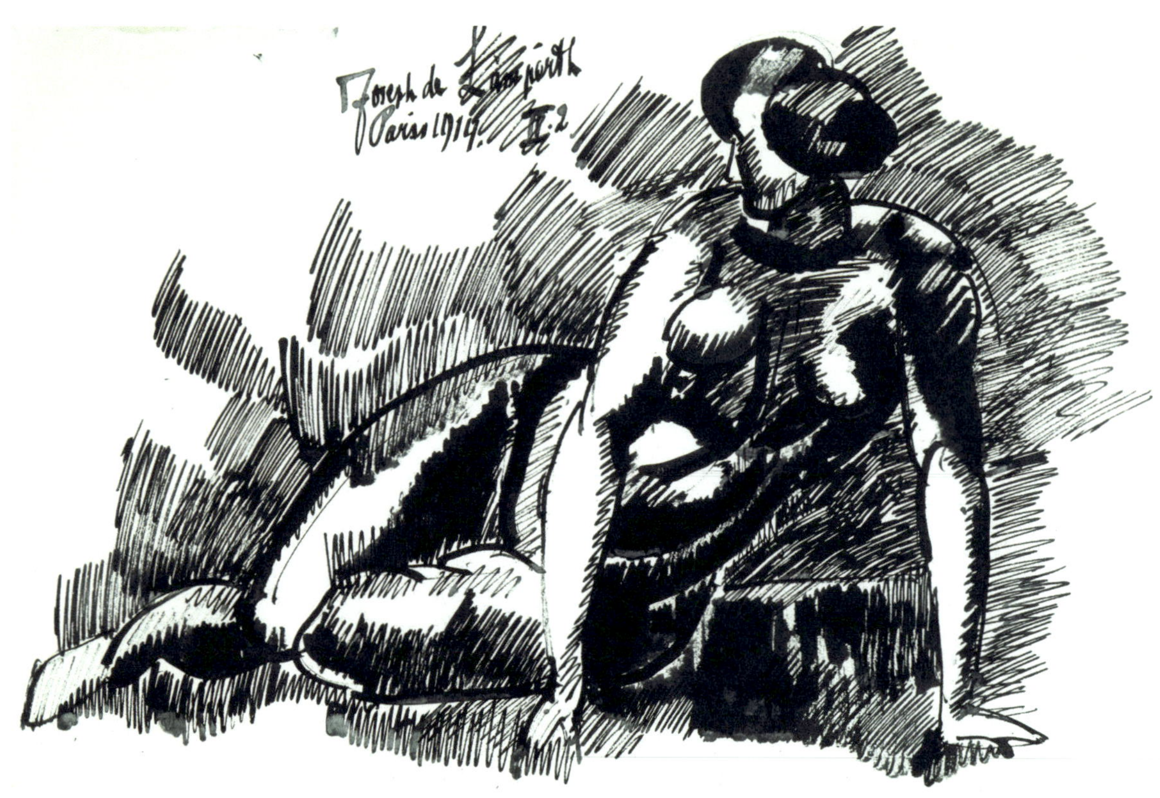

14. kat. sz. | cat. no. 14
Ülő női akt | Sitting Female Nude
1914

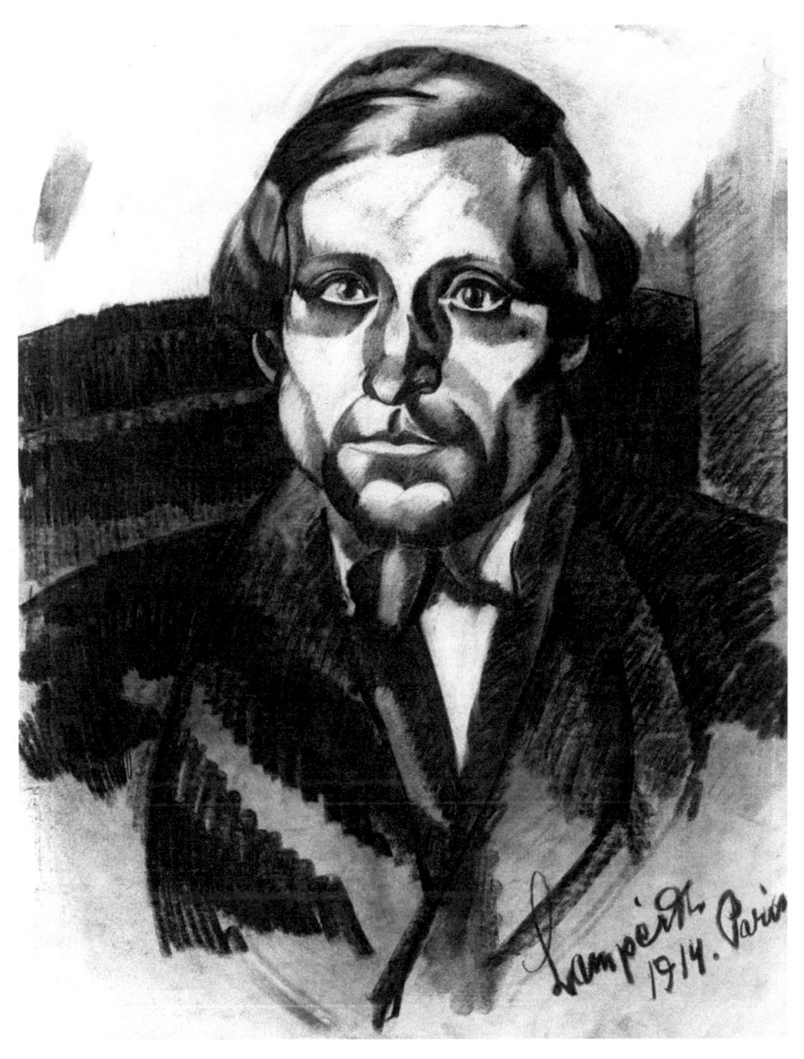

15. kat. sz. | cat. no. 15

Gáborvigh István arcképe | Portrait of István Gáborvigh

1914

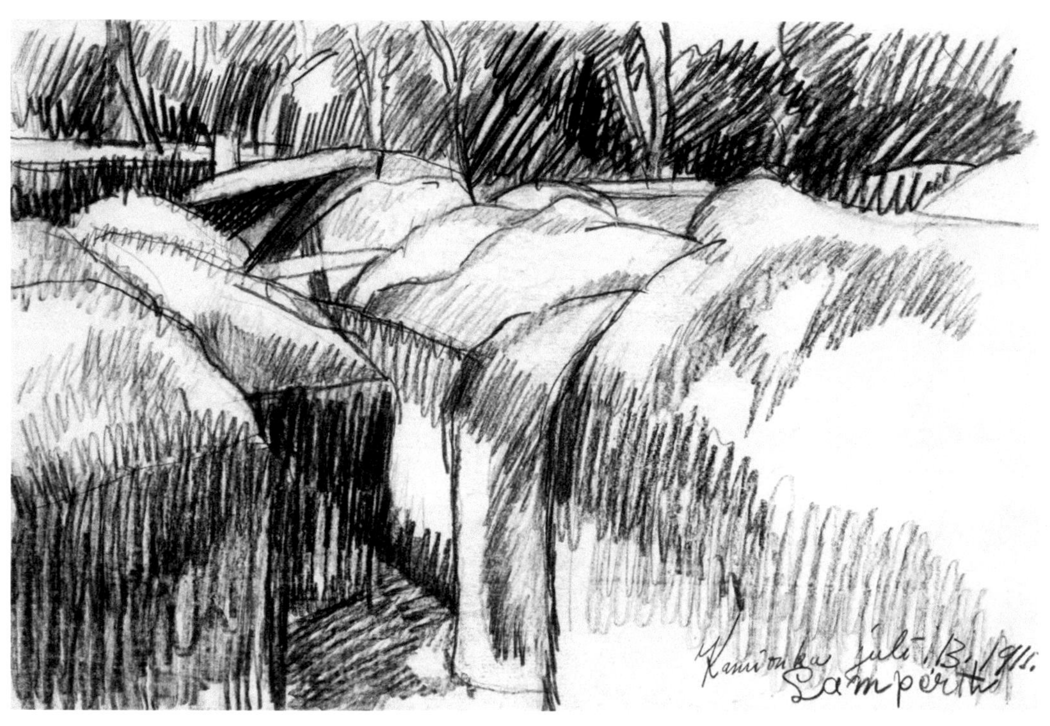

16. kat. sz. | cat. no. 16
Futóárok | Trench
1915

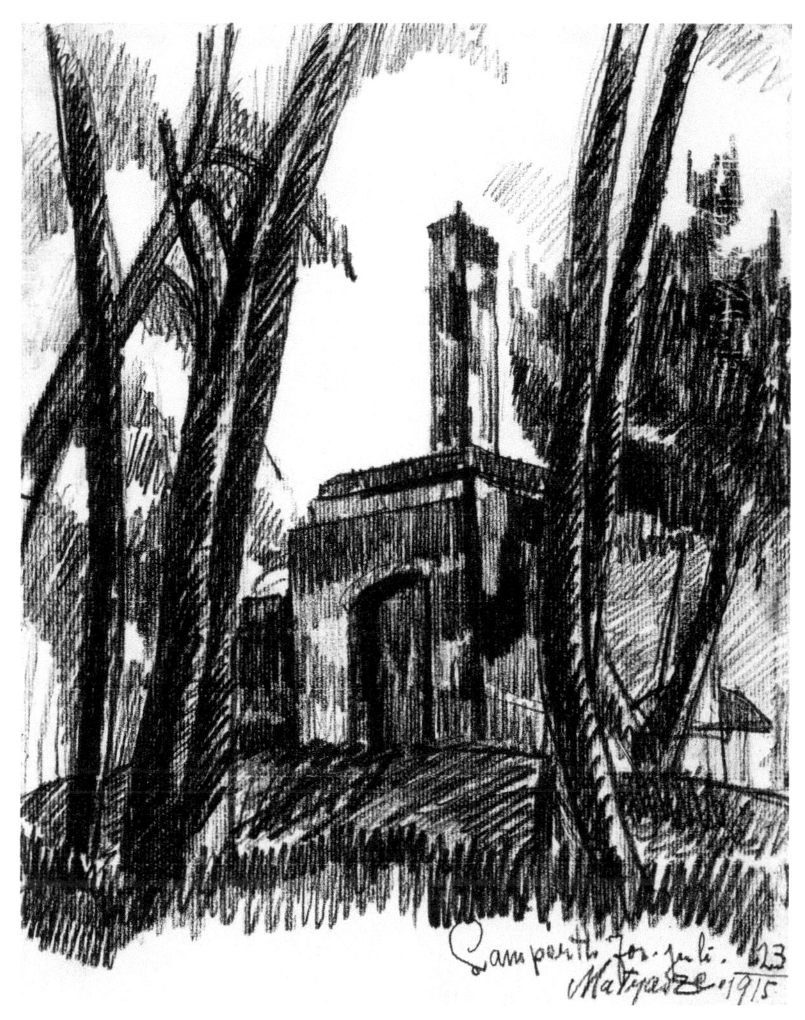

17. kat. sz. | cat. no. 17
Épületrom | Ruined Building
1915

18. kat. sz. | cat. no. 18
Háttal álló női akt | Standing Female Nude from the Back
1916

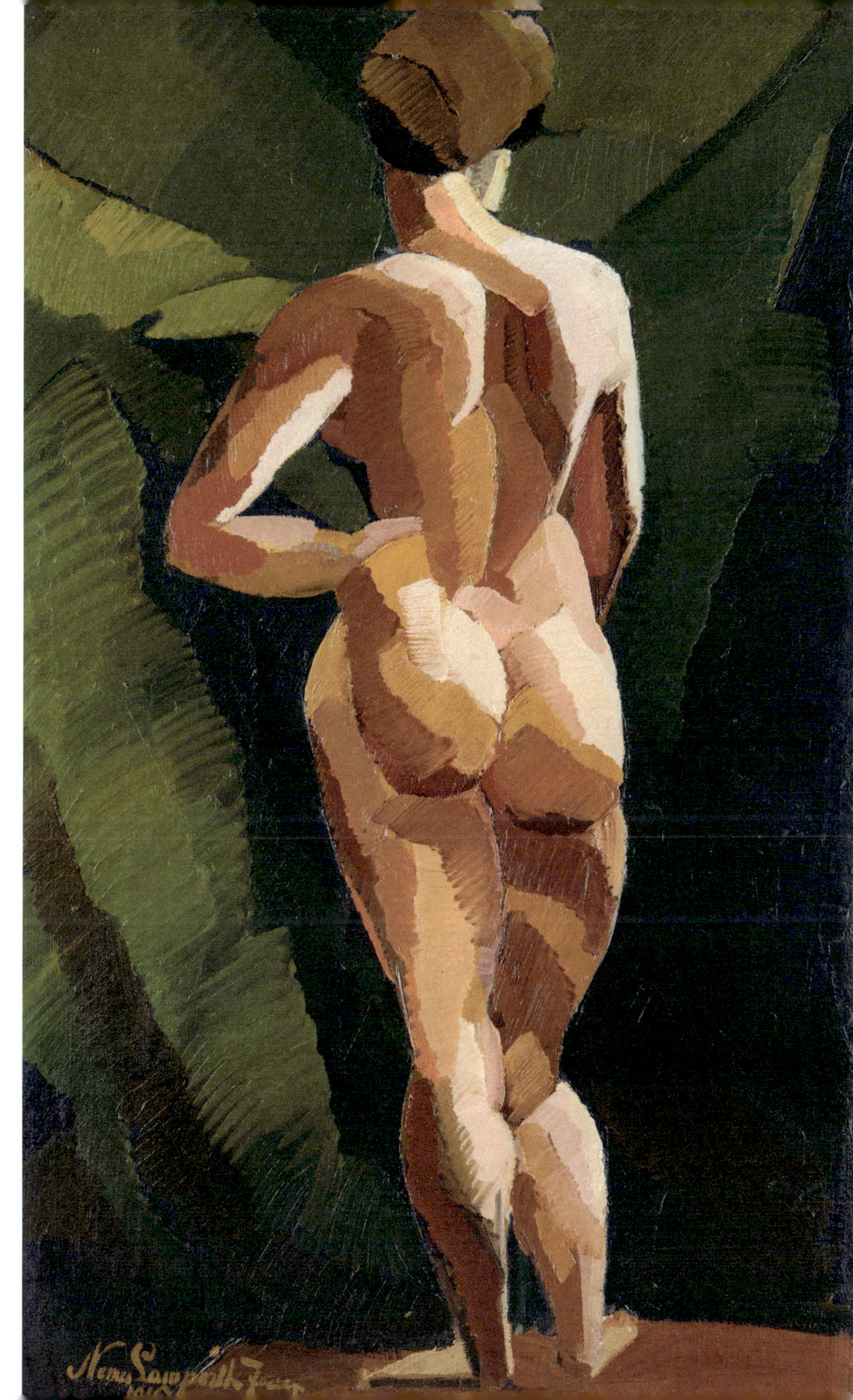
Nora Longworth Jones

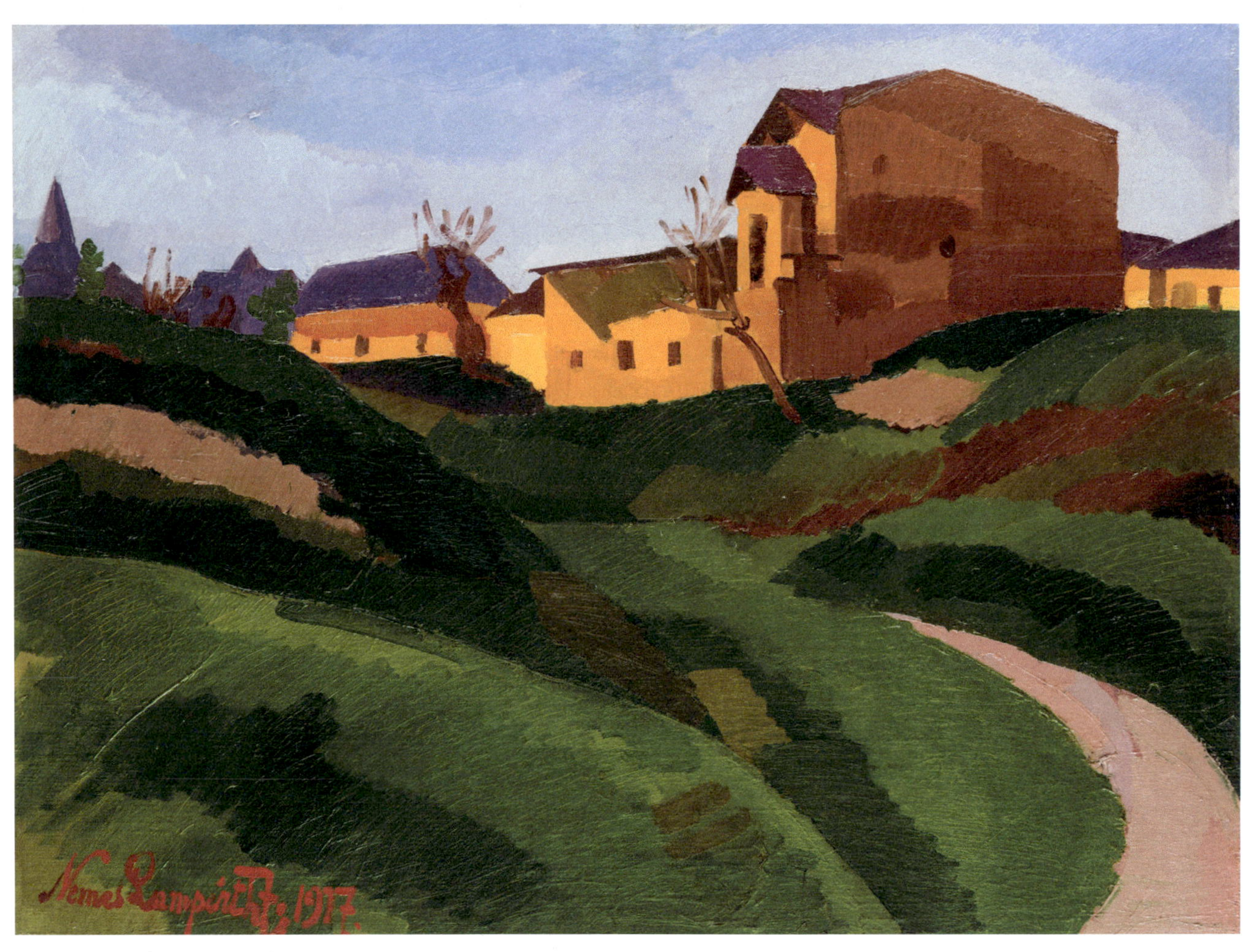

19. kat. sz. | cat. no. 19
A Gellérthegy lejtőjén | On the Slopes of Gellért Hill
1917

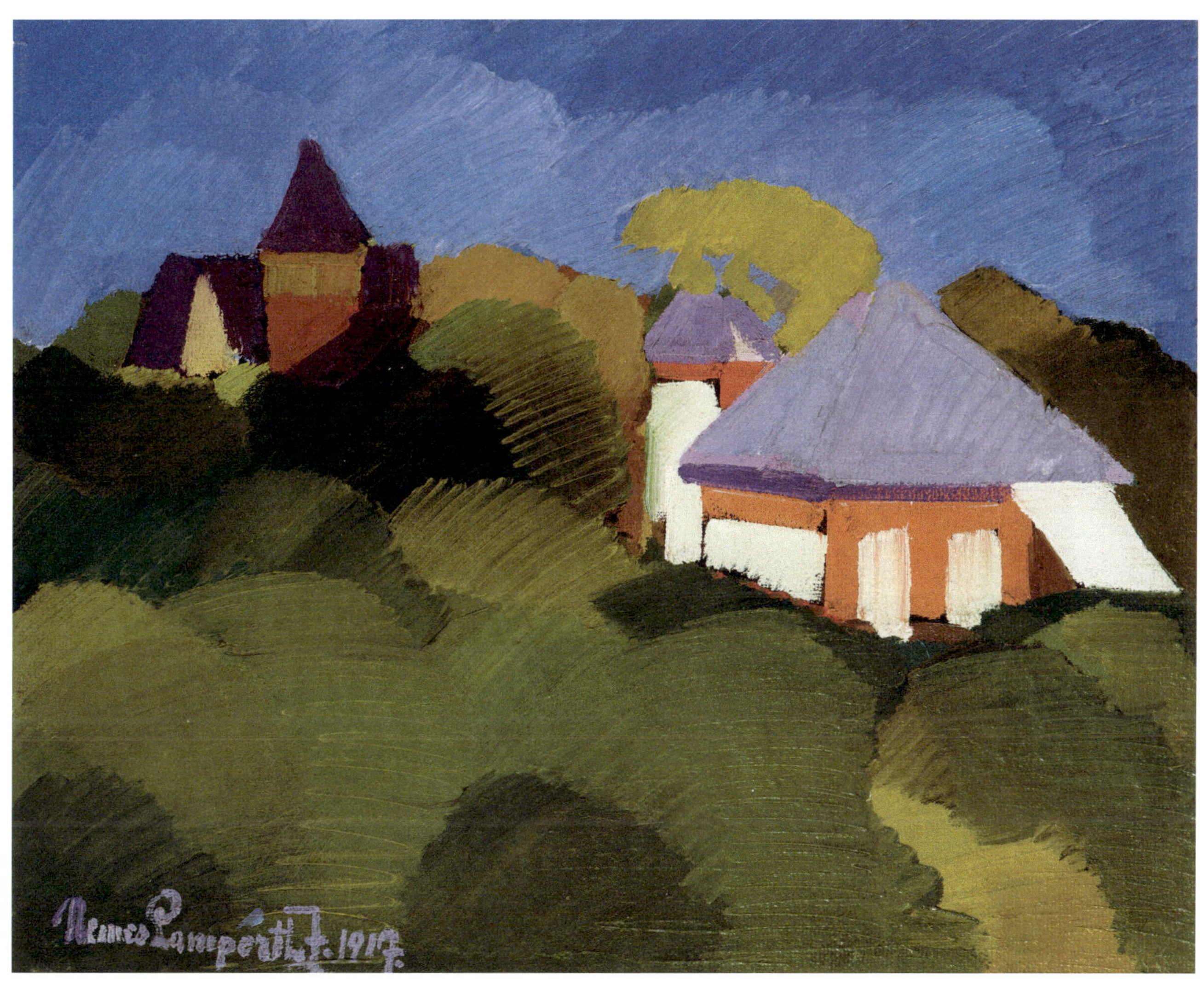

20. kat. sz. | cat. no. 20
Tájkép | Landscape
1917

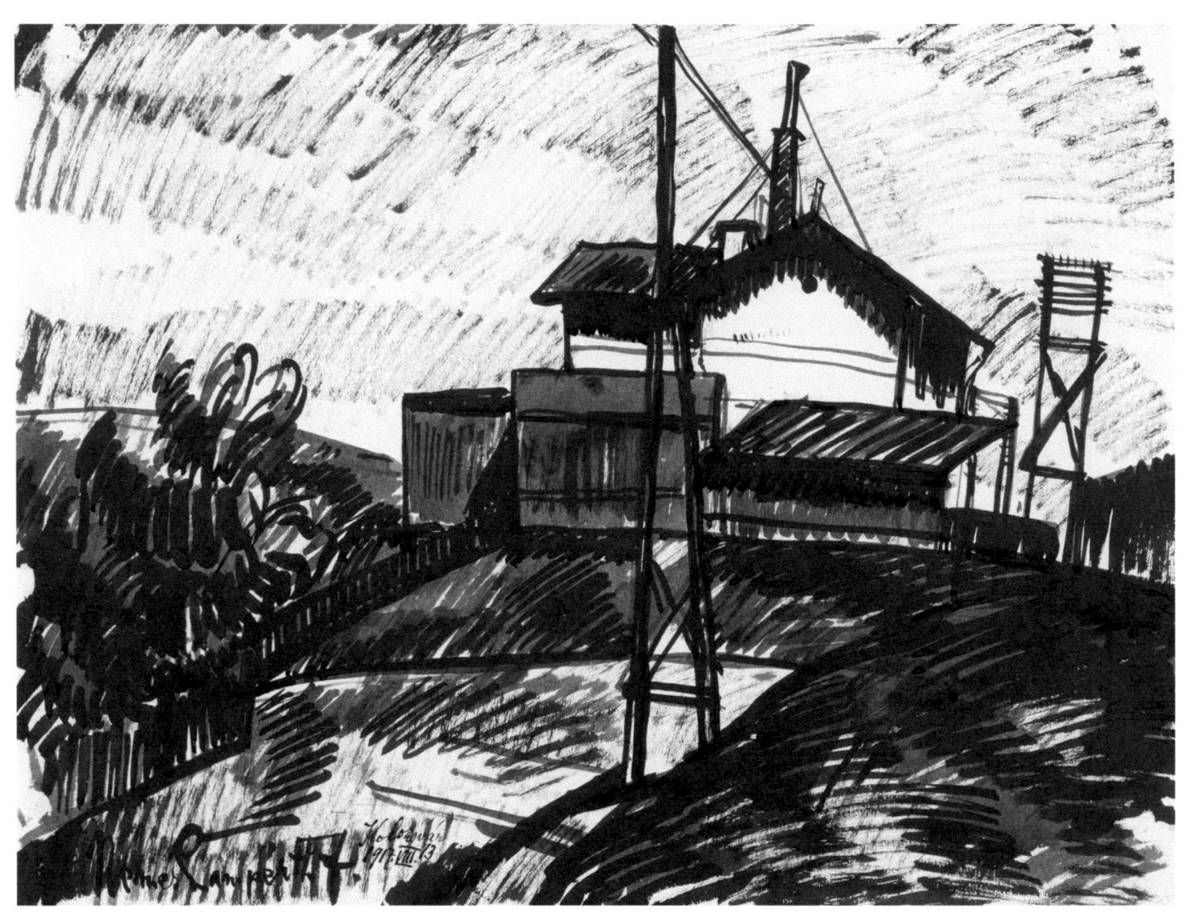

21. kat. sz. | cat. no. 21
Kolozsvári állomás | Kolozsvár Station
1917

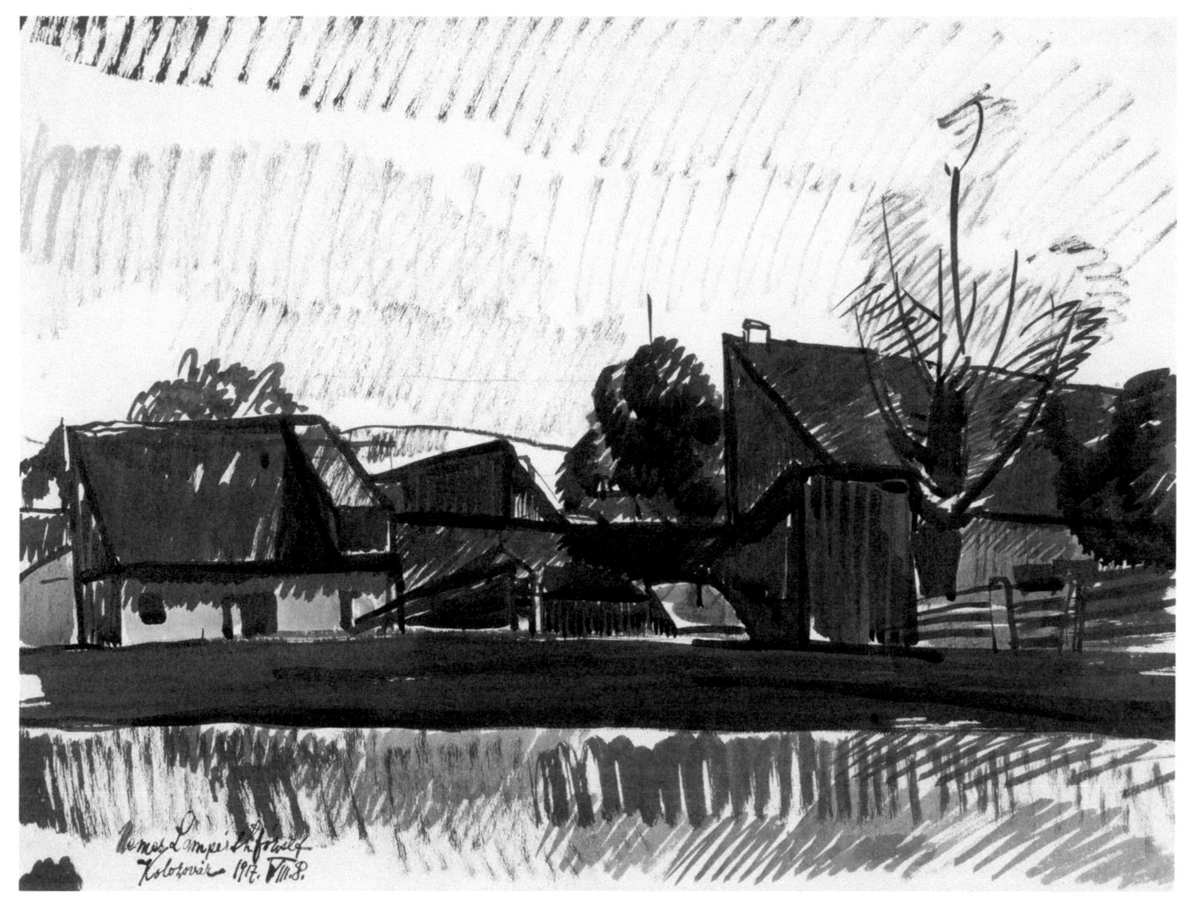

22. kat. sz. | cat. no. 22
Falusi házak | Houses in the Village
1917

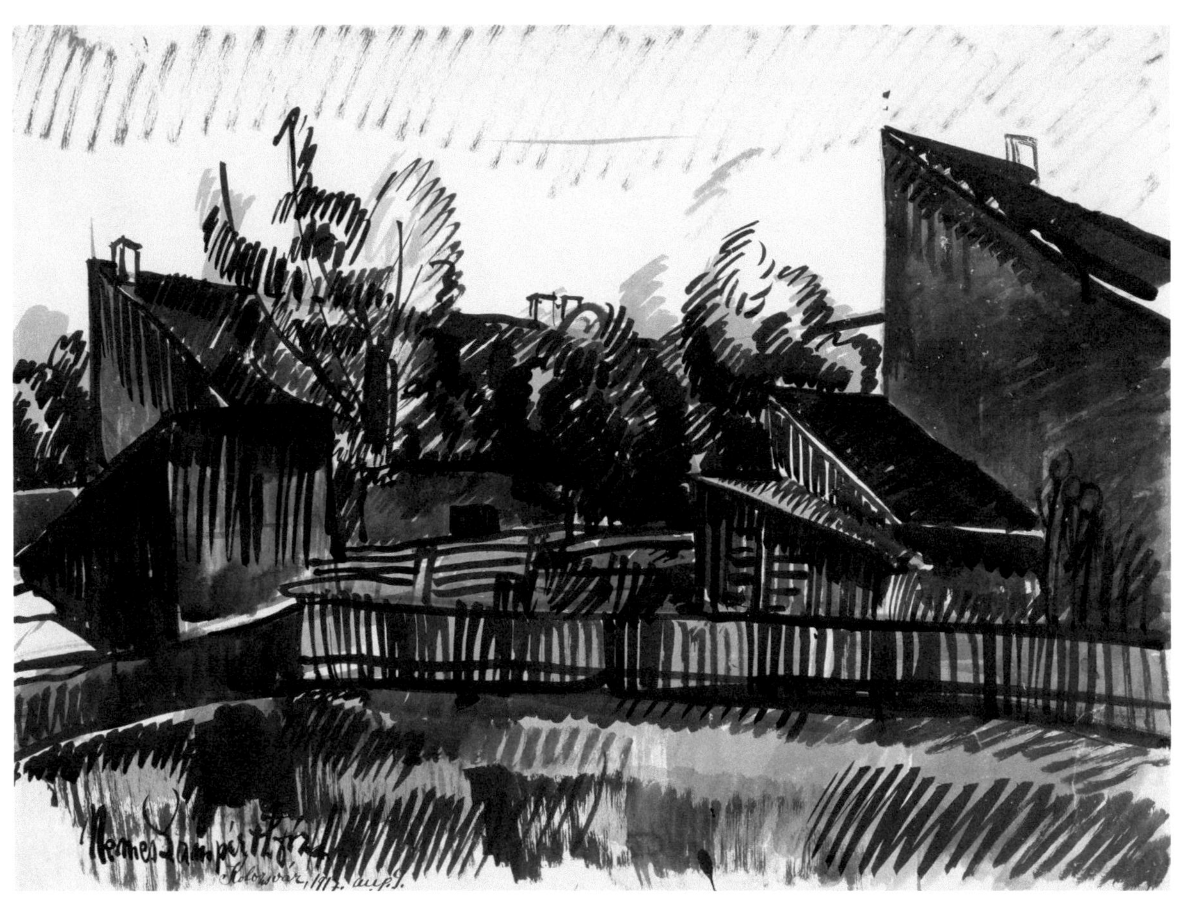

23. kat. sz. | cat. no. 23
Kolozsvár | Kolozsvár [Cluj Napoca, Romania]
1917

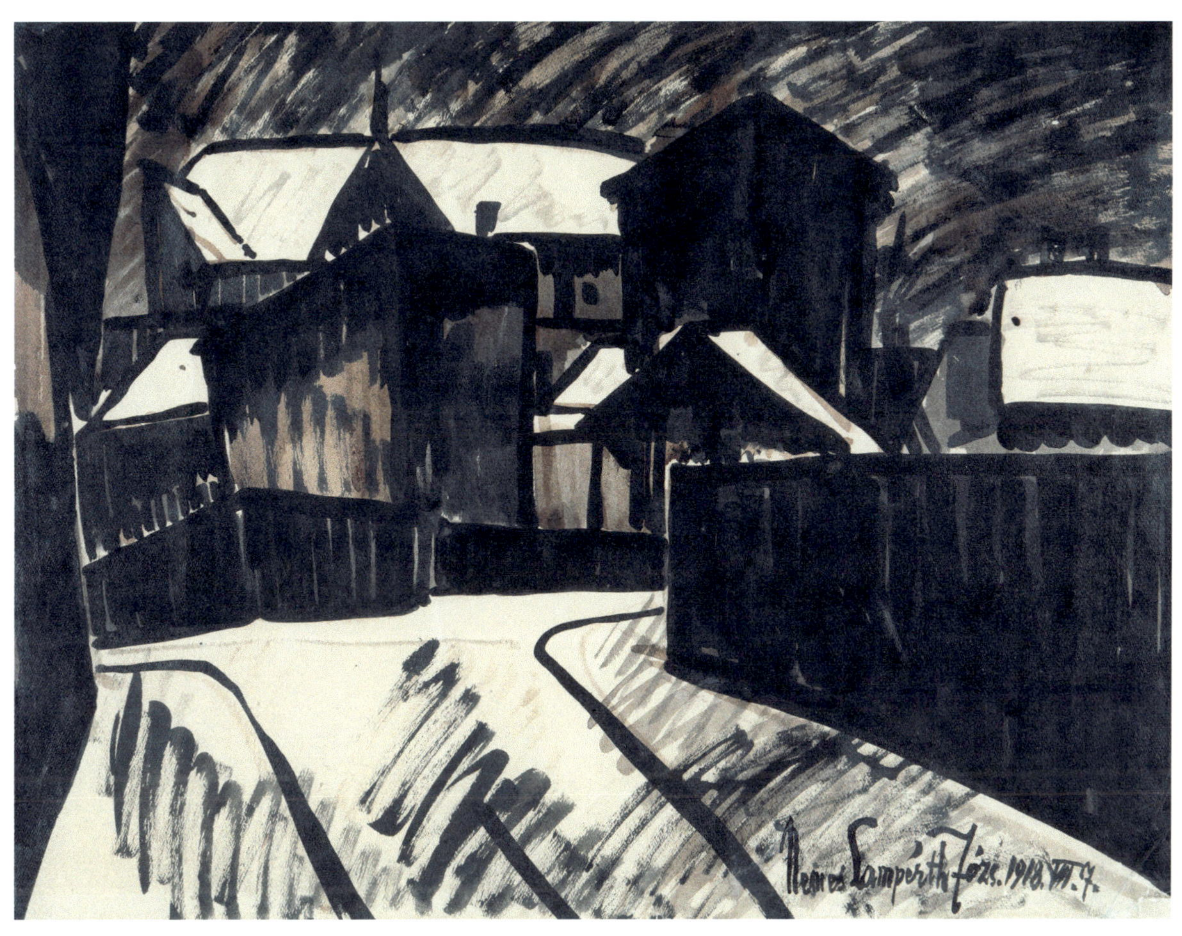

24. kat. sz. | cat. no. 24
Házfalak | House Walls
1918

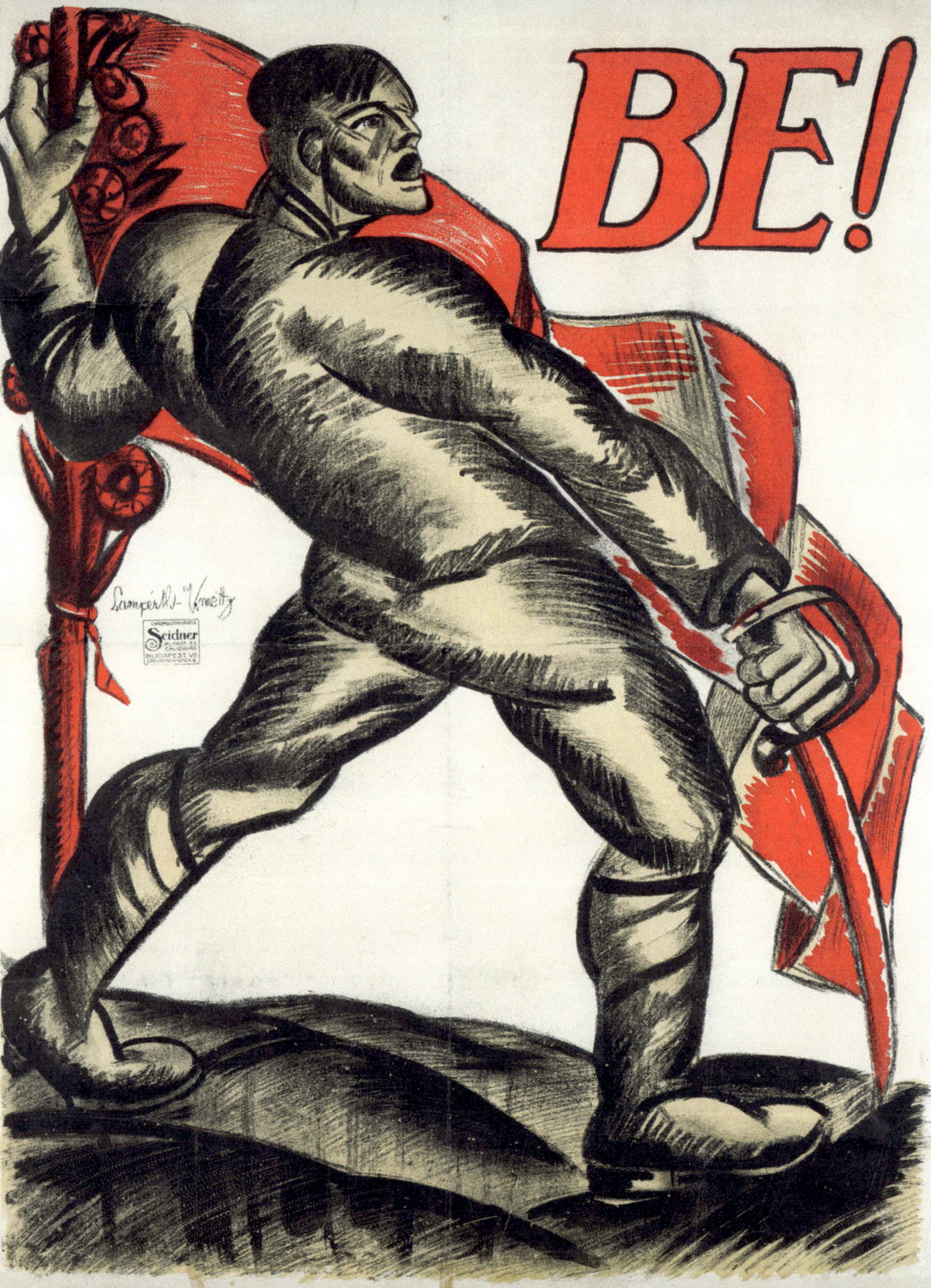
BE!
Lamperth - Vinetz
Seidner
BUDAPEST VII

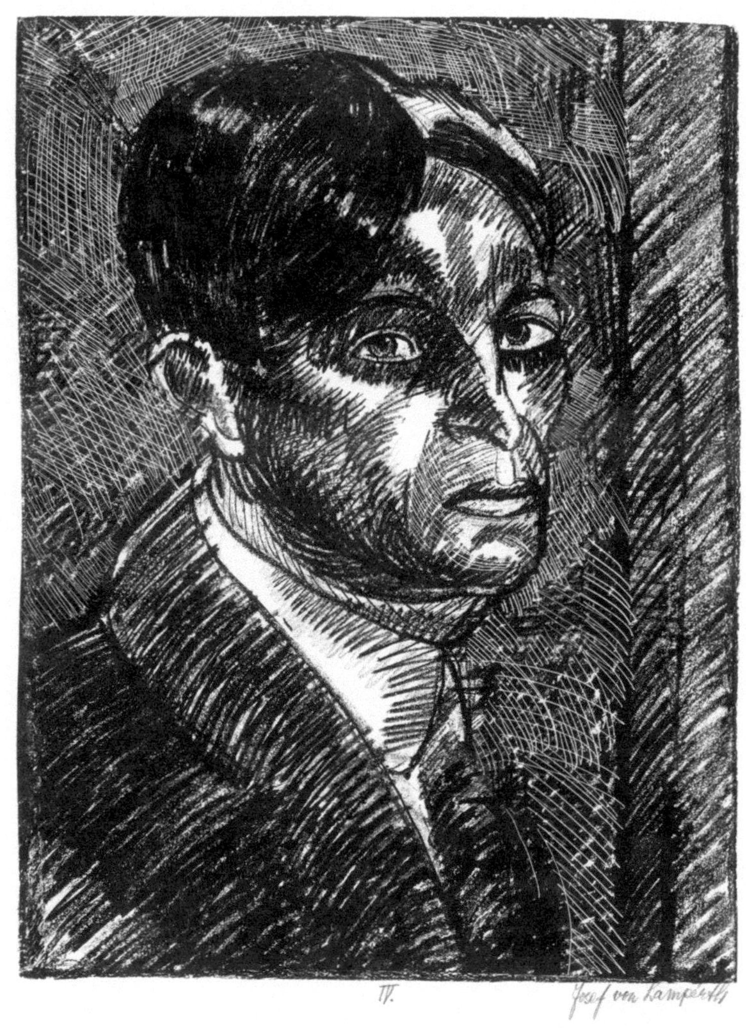

26. kat. sz. | cat. no. 26
Önarckép | Self-Portrait
1920

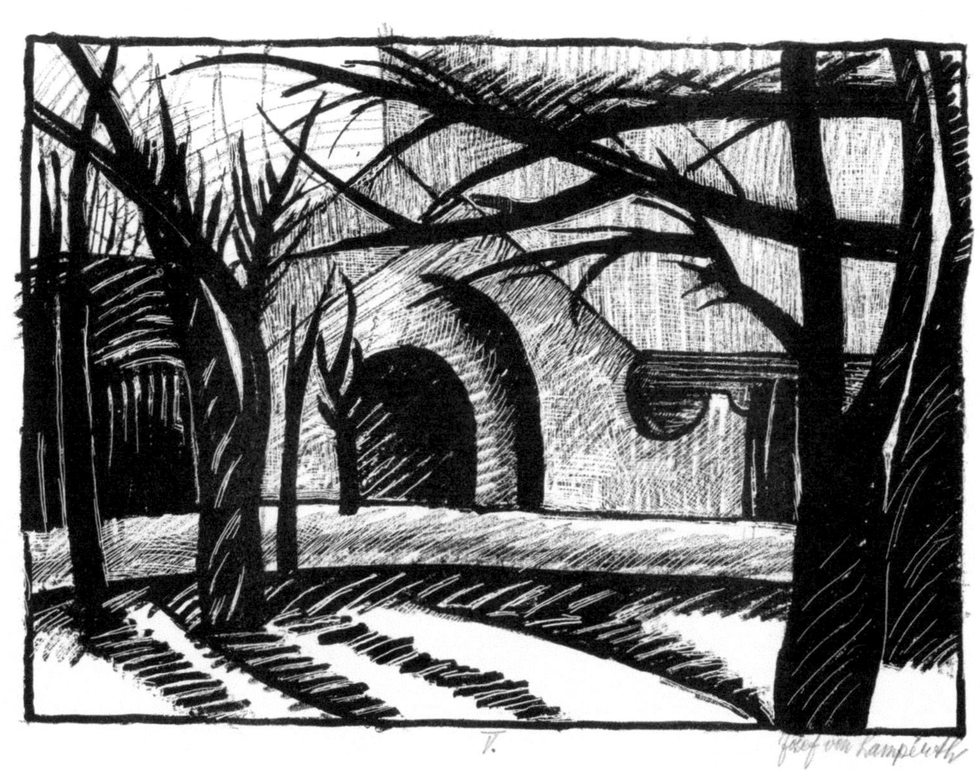

27. kat. sz. | cat. no. 27
Tájkép | Landscape
1920

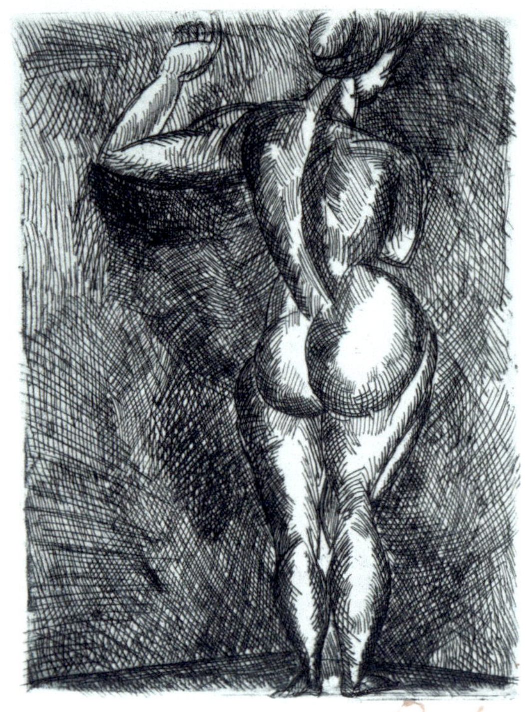

28. kat. sz. | cat. no. 28
Álló női akt | Standing Female Nude
1920

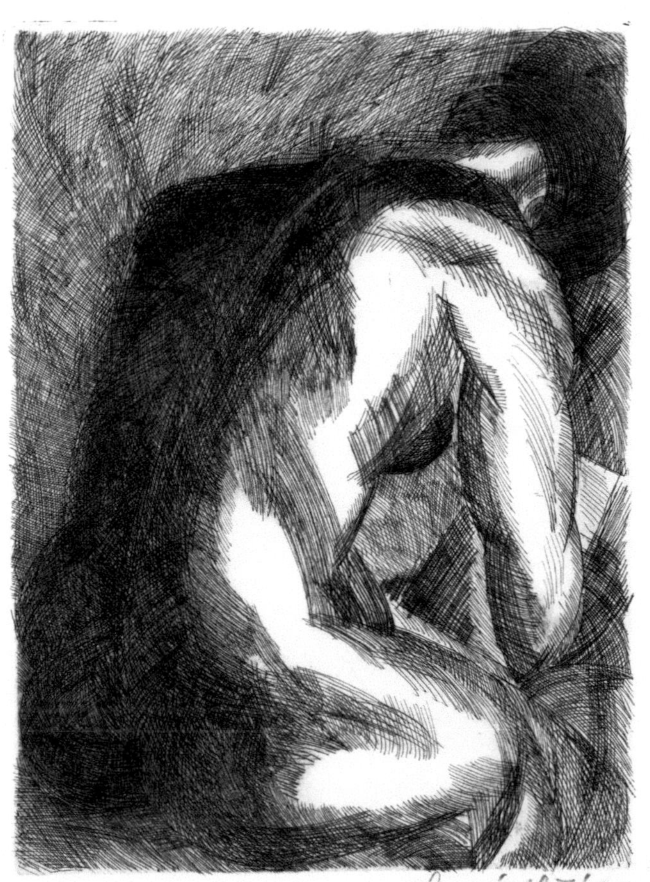

29. kat. sz. | cat. no. 29
Női akt | Female Nude
1920

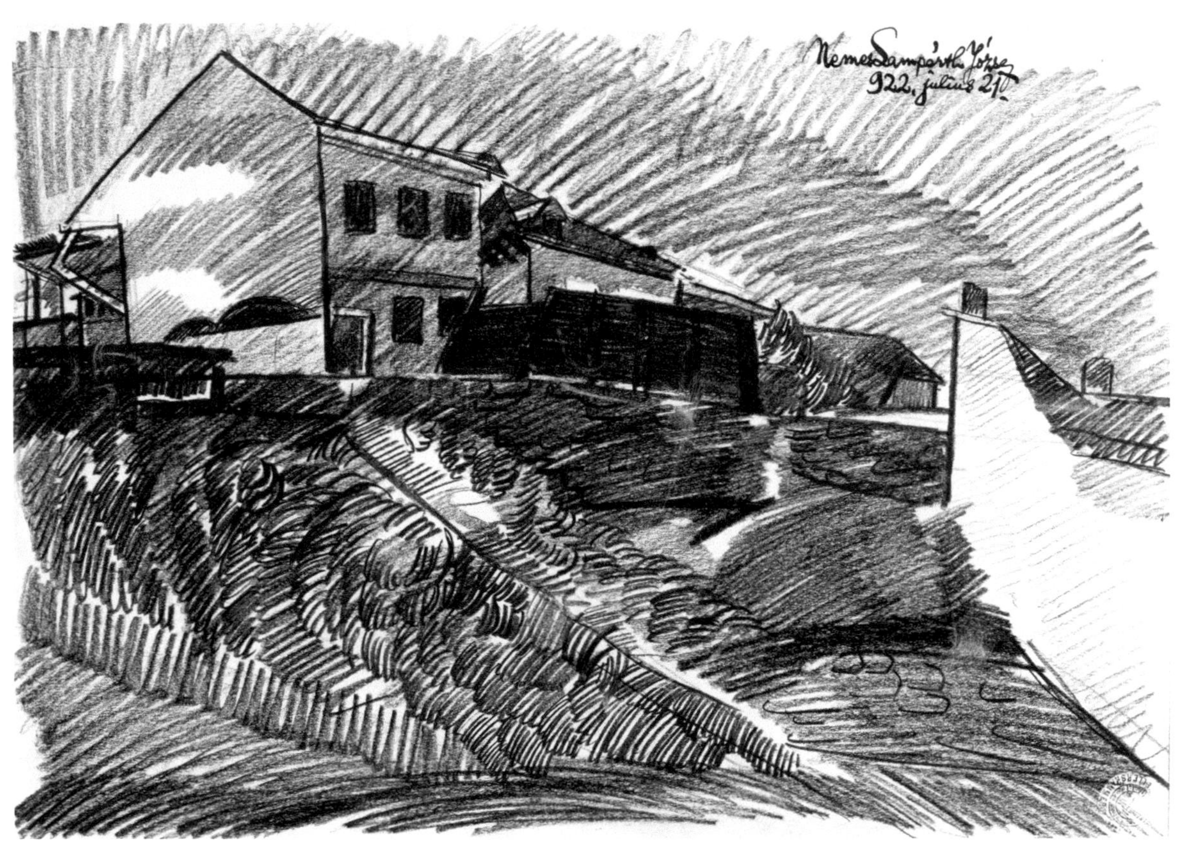

30. kat. sz. | cat. no. 30
A tabáni Horgony utca részlete (Házak a töltés mentén) | Detail of Horgony Street in Tabán (Houses along the Embankment)
1922

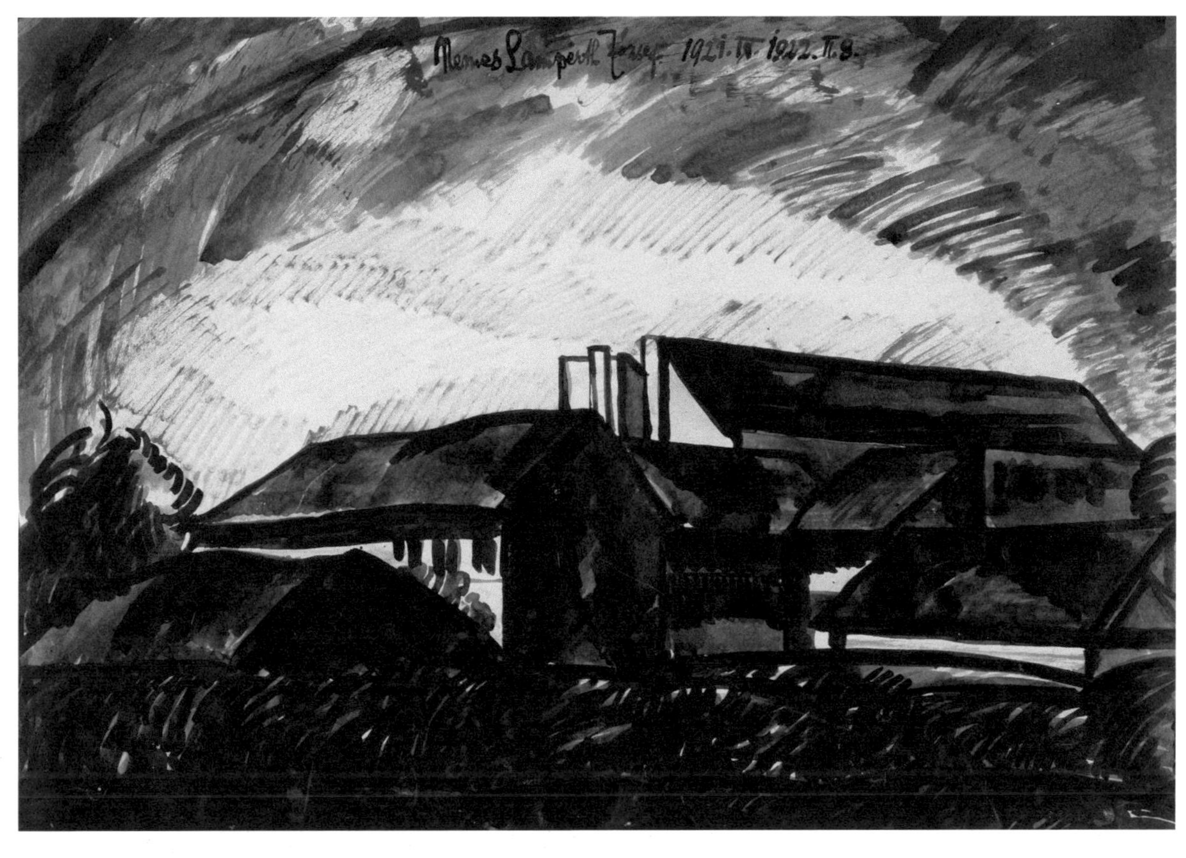

31. kat. sz. | cat. no. 31
Az angyalföldi elmegyógyintézet | The Angyalföld Psychiatric Hospital
1921–1922

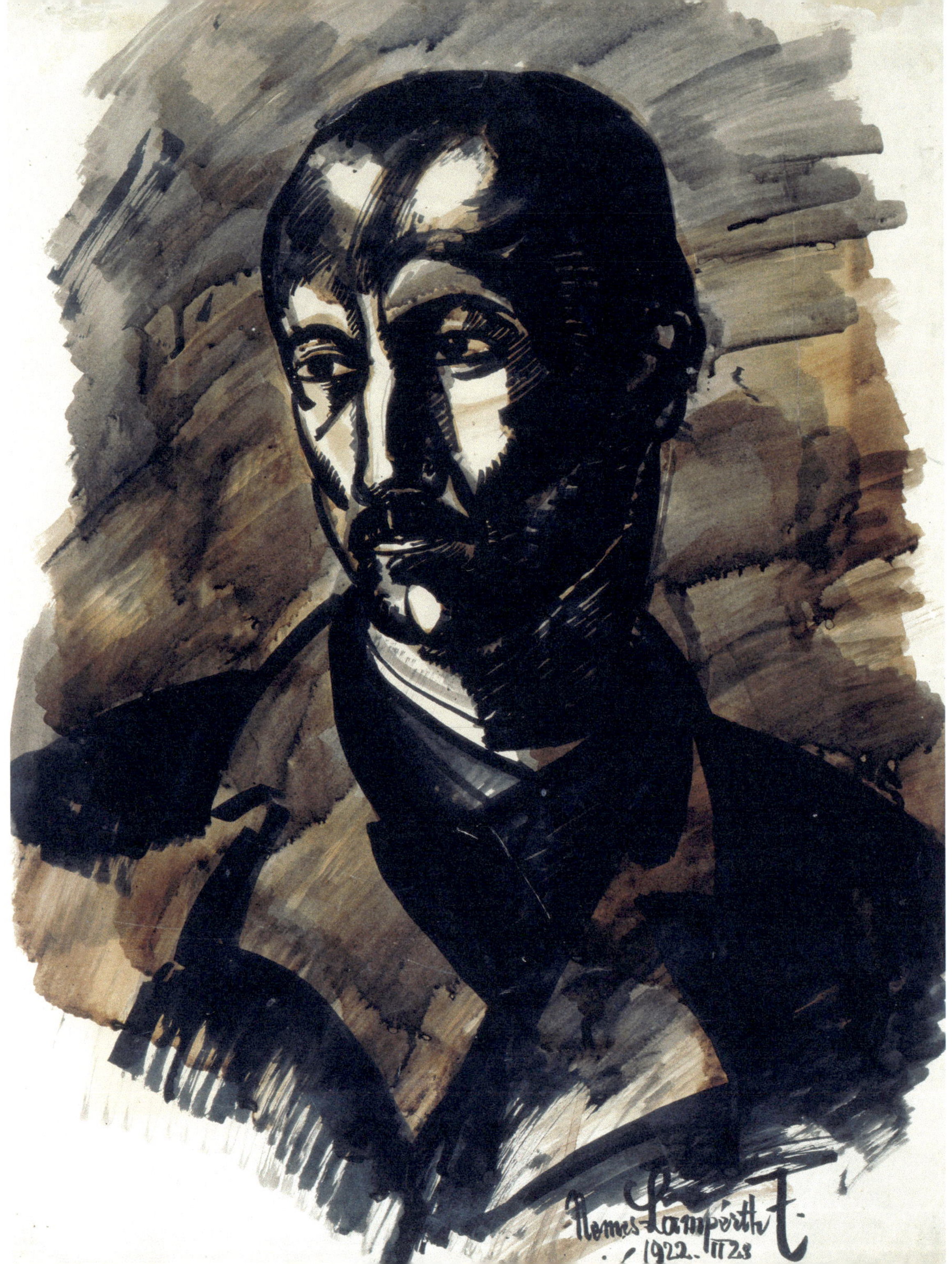

Nemes Lampérth F.
1922. III 23.

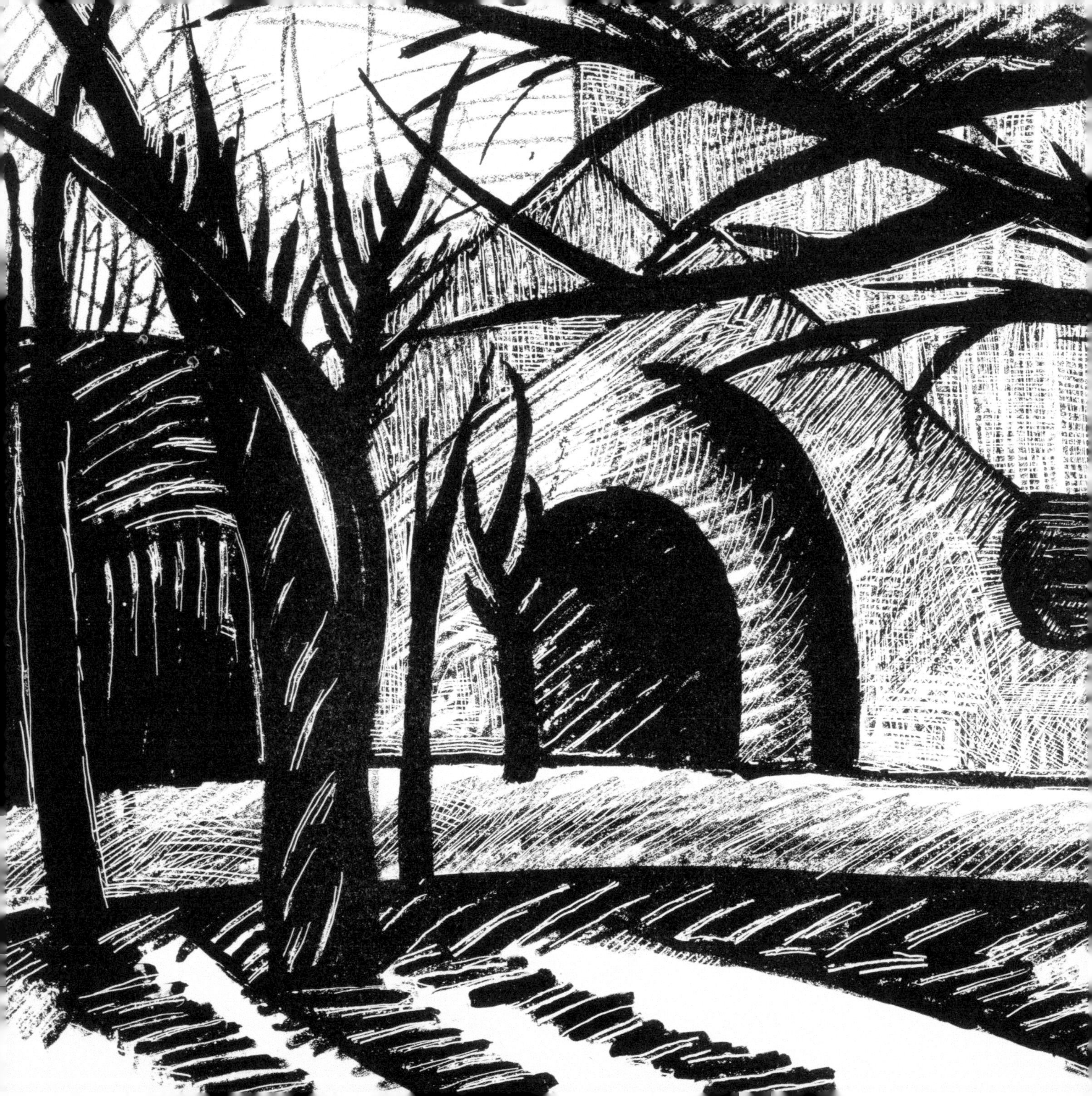

1. kat. sz. | cat. no. 1
Önarckép, 1911
Olaj, vászon; 75 × 60 cm
Jelezve balra lent: Nemes Lampérth J
Szépművészeti Múzeum – Magyar Nemzeti
Galéria, Budapest; ltsz. 65.28T
Proveniencia: vétel a művész unokahúgának
családjától, 1965

Self-Portrait, 1911
Oil on canvas; 75 × 60 cm
Inscribed bottom left: "Nemes Lampérth J"
Museum of Fine Arts – Hungarian National
Gallery, Budapest; inv. no. 65.28T
Provenance: purchased from the family
of the artist's niece, 1965

2. kat. sz. | cat. no. 2
Kaktusz, 1910
Olaj, dekli; 65 × 48,7 cm
Jelezve jobbra lent: Lampérth J
Szépművészeti Múzeum – Magyar Nemzeti
Galéria, Budapest; ltsz. 5292
Proveniencia: vétel a művésztől a Művészeti
és Múzeumi Direktórium útján, 1919

Cactus, 1910
Oil on cardboard; 65 × 48.7 cm
Inscribed bottom right: "Lampérth J"
Museum of Fine Arts – Hungarian National
Gallery, Budapest; inv. no. 5292
Provenance: purchased from the artist through
the Directorate of Museums and Art, 1919

3. kat. sz. | cat. no. 3
Fekvő akt, 1911
Ceruza, papír; lapméret: 202 × 382 mm
Jelezve jobbra lent: Lampérth József | N. Bánya 1911.
Szépművészeti Múzeum – Magyar Nemzeti
Galéria, Budapest; ltsz. 1912-25
Proveniencia: vétel a művésztől, 1912

Reclining Nude, 1911
Pencil on paper; sheet size: 202 × 382 mm
Inscribed bottom right: "Lampérth József |
N. Bánya 1911."
Museum of Fine Arts – Hungarian National
Gallery, Budapest; inv. no. 1912-25
Provenance: purchased from the artist, 1912

4. kat. sz. | cat. no. 4
Aktok, 1911
Tus, ecset, papír; lapméret: 374 × 495 mm
Jelezve jobbra lent: Lampérth J
Szépművészeti Múzeum – Magyar Nemzeti
Galéria, Budapest; ltsz. 1912-26
Proveniencia: vétel a művésztől, 1912

Nudes, 1911
Indian ink and brush on paper;
sheet size: 374 × 495 mm
Inscribed bottom right: "Lampérth J"
Museum of Fine Arts – Hungarian National
Gallery, Budapest; inv. no. 1912-26
Provenance: purchased from the artist, 1912

5. kat. sz. | cat. no. 5
Budai részlet, 1911
Kréta, lakk, papír; lapméret: 327 × 428 mm
Jelezve balra lent: Lampérth J.
Szépművészeti Múzeum – Magyar Nemzeti
Galéria, Budapest; ltsz. 1912-24
Proveniencia: vétel a művésztől, 1912

Detail of Buda, 1911
Chalk and varnish on paper;
sheet size: 327 × 428 mm
Inscribed bottom left: "Lampérth J."
Museum of Fine Arts – Hungarian National
Gallery, Budapest; inv. no. 1912-24
Provenance: purchased from the artist, 1912

6. kat. sz. | cat. no. 6
A ravatal, 1912
Olaj, vászon; 90,8 × 87,4 cm
Jelezve balra lent: Nemes Lampérth Jozsef
Szépművészeti Múzeum – Magyar Nemzeti
Galéria, Budapest; ltsz. 5277
Proveniencia: a művész örök letéte, 1919

The Catafalque, 1912
Oil on canvas; 90.8 × 87.4 cm
Inscribed bottom left: "Nemes Lampérth Jozsef"
Museum of Fine Arts – Hungarian National
Gallery, Budapest; inv. no. 5277
Provenance: permanent deposit by the artist, 1919

7. kat. sz. | cat. no. 7
Önarckép, 1912
Tus, ecset, papír; lapméret: 604 × 440 mm
Jelezve jobbra lent: Lampérth | 1912
Szépművészeti Múzeum – Magyar Nemzeti
Galéria, Budapest; ltsz. 1919-563
Proveniencia: a Művészeti és Múzeumi
Direktórium vásárlása, 1919

Self-Portrait, 1912
Indian ink and brush on paper;
sheet size: 604 × 440 mm
Inscribed bottom right: "Lampérth | 1912"
Museum of Fine Arts – Hungarian National
Gallery, Budapest; inv. no. 1919-563
Provenance: purchased from the artist through
the Directorate of Museums and Art, 1919

8. kat. sz. | cat. no. 8
Önarckép, 1912
Tus, ecset, papír; lapméret: 582 × 446 mm
Jelezve jobbra lent: Lampérth J. | 1912.
Szépművészeti Múzeum – Magyar Nemzeti
Galéria, Budapest; ltsz. 1922-909
Proveniencia: a művész ajándéka, 1922

Self-Portrait, 1912
Indian ink and brush on paper;
sheet size: 582 × 446 mm
Inscribed bottom right: "Lampérth J. | 1912"
Museum of Fine Arts – Hungarian National
Gallery, Budapest; inv. no. 1922-909
Provenance: gift from the artist, 1922

9. kat. sz. | cat. no. 9
Interieur síró alakkal, 1912
Tus, gouache, papír; lapméret: 360 × 535 mm
Jelezve jobbra fent: NLJ (egyedi monogram) |
1912. I.
Szépművészeti Múzeum – Magyar Nemzeti
Galéria, Budapest; ltsz. 1919-562
Proveniencia: a Művészeti és Múzeumi
Direktórium vásárlása, 1919

Interior with Crying Figure, 1912
Indian ink and gouache on paper;
sheet size: 360 × 535 mm
Inscribed top right: "NLJ" (unique monogram) |
1912. I.
Museum of Fine Arts – Hungarian National
Gallery, Budapest; inv. no. 1919-562
Provenance: purchased from the artist through
the Directorate of Museums and Art, 1919

10. kat. sz. | cat. no. 10
A Pont Neuf, 1913
Tus, ecset, papír; lapméret: 441 × 626 mm
Jelezve balra lent: Joseph de Lampérth | Paris 1913
Szépművészeti Múzeum – Magyar Nemzeti
Galéria, Budapest; ltsz. 1916-139
Proveniencia: vétel a művésztől, 1916

Pont-Neuf, 1913
Ink, brush on paper; sheet size: 441 × 626 mm
Inscribed bottom left: "Joseph de Lampérth |
Paris 1913"
Museum of Fine Arts – Hungarian National
Gallery, Budapest; inv. no. 1916-139
Provenance: purchased from the artist, 1916

11. kat. sz. | cat. no. 11
Szajna-híd, 1913
Tus, ecset; papír; lapméret: 330 × 500 mm
Jelezve balra fent: Joseph de Lampérth | Paris 1913
Szépművészeti Múzeum – Magyar Nemzeti
Galéria, Budapest; ltsz. 1914-497
Proveniencia: a művész ajándéka, 1914

Bridge on the Seine, Paris, 1913
Ink, brush on paper; sheet size: 330 × 500 mm
Inscribed top left: "Joseph de Lampérth | Paris 1913"
Museum of Fine Arts – Hungarian National
Gallery, Budapest; inv. no. 1914-497
Provenance: gift from the artist, 1914

12. kat. sz. | cat. no. 12
Kontraposztban álló női akt, 1913
Kréta, papír; lapméret: 360 × 203 mm
Jelezve jobbra lent: Lampérth | Paris 1913. IV.
Szépművészeti Múzeum – Magyar Nemzeti
Galéria, Budapest; ltsz. F58.62
Proveniencia: vétel a művész öccsétől, 1958

Standing Female Nude in Contrapost, 1913
Chalk on paper; sheet size: 360 × 203 mm
Inscribed bottom right: "Lampérth | Paris 1913. IV."
Museum of Fine Arts – Hungarian National
Gallery, Budapest; inv. no. F58.62
Provenance: purchased from the artist's
brother, 1958

13. kat. sz. | cat. no. 13
Lépő női akt, 1913
Kréta, karton; lapméret: 330 × 252 mm
Jelezve balra lent: Lampérth;
jelezve jobbra lent: Paris 1913
Szépművészeti Múzeum – Magyar Nemzeti
Galéria, Budapest; ltsz. F58.67
Proveniencia: vétel a művész öccsétől, 1958

Stepping Female Nude, 1913
Chalk on cardboard; sheet size: 330 × 252 mm
Inscribed bottom left: "Lampérth";
inscribed bottom right: "Paris 1913"
Museum of Fine Arts – Hungarian National
Gallery, Budapest; inv. no. F58.67
Provenance: purchased from the artist's
brother, 1958

14. kat. sz. | cat. no. 14
Ülő női akt, 1914
Tus, ecset, papír; lapméret: 364 × 536 mm
Jelezve középen fent: Joseph de Lampérth |
Paris 1914. II. 2
Szépművészeti Múzeum – Magyar Nemzeti
Galéria, Budapest; ltsz. F63.225
Proveniencia: vétel Gergely Jolántól, 1963

Sitting Female Nude, 1914
Ink, brush on paper; sheet size: 364 × 536 mm
Inscribed top middle: "Joseph de Lampérth |
Paris 1914. II. 2"
Museum of Fine Arts – Hungarian National
Gallery, Budapest; inv. no. F63.225
Provenance: purchased from Jolán Gergely, 1963

15. kat. sz. | cat. no. 15
Gáborvigh István arcképe, 1914
Kréta, szén, papír; lapméret: 630 × 477 mm
Jelezve jobbra lent: Lampérth | 1914. Paris
Szépművészeti Múzeum – Magyar Nemzeti
Galéria, Budapest; ltsz. 1914-124
Proveniencia: vétel a művésztől, 1914

Portrait of István Gáborvigh, 1914
Chalk, coal on paper; sheet size: 630 × 477 mm
Inscribed bottom right: "Lampérth | 1914. Paris"
Museum of Fine Arts – Hungarian National
Gallery, Budapest; inv. no. 1914-124
Provenance: purchased from the artist, 1914

16. kat. sz. | cat. no. 16
Futóárok, 1915
(a múzeumba kerüléskor *Futóárok Kamionka
előtt* címen vették nyilvántartásba)
Ceruza, papír; lapméret: 210 × 310 mm
Jelezve jobbra lent: Kamionka juli 13. 1915 |
Lampérth
Szépművészeti Múzeum – Magyar Nemzeti
Galéria, Budapest; ltsz. 1915-931
Provenienca: vétel a művésztől, 1915

Trench, 1915
(initially inventoried as *Trench at Kamionka*)
Pencil on paper; sheet size: 210 × 310 mm
Inscribed bottom right:
"Kamionka juli 13. 1915 | Lampérth"
Museum of Fine Arts – Hungarian National
Gallery, Budapest; inv. no. 1915-931
Provenance: purchased from the artist, 1915

17. kat. sz. | cat. no. 17
Épületrom, 1915
(a múzeumba kerüléskor *Épületrom Matyasze
mellett* címen vették nyilvántartásba)
Kréta, papír; lapméret: 315 × 245 mm
Jelezve jobbra lent: Lampérth Jos. juli. 23. |
Matyasze. 1915
Szépművészeti Múzeum – Magyar Nemzeti
Galéria, Budapest; ltsz. 1915-932
Provenienca: vétel a művésztől, 1915

Ruined Building, 1915
(initially inventoried as *Ruined Building
at Matiaszów*)
Chalk on paper; sheet size: 315 × 245 mm
Inscribed bottom right: "Lampérth Jos. juli. 23. |
Matyasze. 1915"
Museum of Fine Arts – Hungarian National
Gallery, Budapest; inv. no. 1915-932
Provenance: purchased from the artist, 1915

18. kat. sz. | cat. no. 18
Háttal álló női akt, 1916
Olaj, vászon; 130,5 × 80 cm
Jelezve balra lent: Nemes Lampérth József | 1916
Szépművészeti Múzeum – Magyar Nemzeti
Galéria, Budapest; ltsz. 5509
Provenienca: a Művészeti és Múzeumi
Direktórium vásárlása, 1919

Standing Female Nude from the Back, 1916
Oil on canvas; 130.5 × 80 cm
Inscribed bottom left:
"Nemes Lampérth József | 1916"
Museum of Fine Arts – Hungarian National
Gallery, Budapest; inv. no. 5509
Provenance: Purchased from the artist through
the Directorate of Museums and Art, 1919

19. kat. sz. | cat. no. 19
A Gellérthegy lejtőjén, 1917
Olaj, vászon; 76,5 × 101 cm
Jelezve balra lent: Nemes Lampérth J. 1917.
Szépművészeti Múzeum – Magyar Nemzeti
Galéria, Budapest; ltsz. 5102
Provenienca: vétel a művésztől, 1917

On the Slopes of Gellért Hill, 1917
Oil on canvas; 76.5 × 101 cm
Inscribed bottom left: "Nemes Lampérth J. 1917."
Museum of Fine Arts – Hungarian National
Gallery, Budapest; inv. no. 5102
Provenance: purchased from the artist, 1917

20. kat. sz. | cat. no. 20
Tájkép, 1917
Olaj, vászon; 62,4 × 75 cm
Jelezve balra lent: Nemes Lampérth J. 1917.
Szépművészeti Múzeum – Magyar Nemzeti
Galéria, Budapest; ltsz. FK774
Provenienca: a Fővárosi Képtár vétele
a hadviselt képzőművészek kiállításáról, 1919

Landscape, 1917
Oil on canvas; 62.4 × 75 cm
Inscribed bottom left: "Nemes Lampérth J. 1917."
Museum of Fine Arts – Hungarian National
Gallery, Budapest; inv. no. FK774
Provenance: purchased by the Municipal Gallery
from the exhibition of veteran artists, 1919

21. kat. sz. | cat. no. 21
Kolozsvári állomás, 1917
Tus, ecset, karton; lapméret: 503 × 655 mm
Jelezve balra lent: Nemes Lampérth J. Kolozsvár |
1917. VIII. 13.
Szépművészeti Múzeum – Magyar Nemzeti
Galéria, Budapest; ltsz. 1918-474
Provenienca: a művész ajándéka, 1918

Kolozsvár Station, 1917
Ink, brush on cardboard; sheet size: 503 × 655 mm
Inscribed bottom left: "Nemes Lampérth J.
Kolozsvár | 1917. VIII. 13."
Museum of Fine Arts – Hungarian National
Gallery, Budapest; inv. no. 1918-474
Provenance: gift from the artist, 1918

22. kat. sz. | cat. no. 22
Falusi házak, 1917
Tus, ecset, karton; lapméret: 494 × 655 mm
Jelezve balra lent: Nemes Lampérth József |
Kolozsvár 1917. VIII. 8.
Szépművészeti Múzeum – Magyar Nemzeti
Galéria, Budapest; ltsz. 1918-475
Provenienca: a művész ajándéka, 1918

Houses in the Village, 1917
Ink, brush on cardboard; sheet size: 494 × 655 mm
Inscribed bottom left: "Nemes Lampérth József |
Kolozsvár 1917. VIII. 8."
Museum of Fine Arts – Hungarian National
Gallery, Budapest; inv. no. 1918-475
Provenance: gift from the artist, 1918

23. kat. sz. | cat. no. 23
Kolozsvár, 1917
Tus, ecset, papír; lapméret: 495 × 655 mm
Jelezve balra lent: Nemes Lampérth József |
Kolozsvár 1917. aug. 9.
Szépművészeti Múzeum – Magyar Nemzeti
Galéria, Budapest; ltsz. 1918-479
Proveniencia: Hatvany Ferenc ajándéka, 1918

Kolozsvár [Cluj Napoca, Romania], 1917
Ink, brush on paper; sheet size: 495 × 655 mm
Inscribed bottom left: "Nemes Lampérth József |
Kolozsvár 1917. aug. 9."
Museum of Fine Arts – Hungarian National
Gallery, Budapest; inv. no. 1918-479
Provenance: gift from Ferenc Hatvany, 1918

24. kat. sz. | cat. no. 24
Házfalak, 1918
Tus, papír; lapméret: 626 × 795 mm
Jelezve jobbra lent: Nemes Lampérth Józs.
1918. VII. 7.
Szépművészeti Múzeum – Magyar Nemzeti
Galéria, Budapest; ltsz. 1922-887
Proveniencia: a művész ajándéka, 1922

House Walls, 1918
Ink on paper; sheet size: 626 × 795 mm
Inscribed bottom right: "Nemes Lampérth Józs.
1918. VII. 7."
Museum of Fine Arts – Hungarian National
Gallery, Budapest; inv. no. 1922-887
Provenance: gift from the artist, 1922

25. kat. sz. | cat. no. 25
NEMES LAMPÉRTH József – KMETTY János
BE!, 1919
Litográfia, papír; 126 × 95 cm
Jelezve balra középen: Lampérth – Kmetty
MNMKK – Magyar Nemzeti Múzeum, Budapest;
Történeti Tár, Plakátgyűjtemény, ltsz. 78.33.1
Proveniencia: hivatalos átvétel a Magyar
Munkásmozgalmi Múzeumtól, 1978
© Magyar Nemzeti Múzeum Közgyűjteményi
Központ

József NEMES LAMPÉRTH – János KMETTY
JOIN!, 1919
Lithograph on paper; 126 × 95 cm
Inscribed top middle: "Lampérth – Kmetty"
HMNPCC – Hungarian National Museum,
Budapest; inv. no. 78.33.1
Provenance: official transfer from the Museum
of the Hungarian Labour Movement, 1978

26. kat. sz. | cat. no. 26
Önarckép, 1920
Litográfia, papír; 550 × 406 mm
Jelezve jobbra lent: Josef von Lampérth, középen
lent: IV. [a művész kézírásával]
Szépművészeti Múzeum – Magyar Nemzeti
Galéria, Budapest; ltsz. 1920-1154
Proveniencia: a művész ajándéka, 1920

Self-Portrait, 1920
Lithograph on paper; 550 × 406 mm
Inscribed bottom right: "Josef von Lampérth";
bottom middle: "IV" [in the artist's handwriting]
Museum of Fine Arts – Hungarian National
Gallery, Budapest; inv. no. 1920-1154
Provenance: gift from the artist, 1920

27. kat. sz. | cat. no. 27
Tájkép, 1920
Litográfia; papír; tükörméret: 350 × 415 mm
Jelezve jobbra lent: Josef von Lamperth; középen
lent: V. [a művész kézírásával]
Szépművészeti Múzeum – Magyar Nemzeti
Galéria, Budapest; ltsz. 1920-1153
Proveniencia: a művész ajándéka, 1920

Landscape, 1920
Lithograph on paper; image size: 350 × 415 mm
Inscribed bottom right: "Josef von Lamperth";
bottom middle: "V" [in the artist's handwriting]
Museum of Fine Arts – Hungarian National
Gallery, Budapest; inv. no. 1920-1153
Provenance: gift from the artist, 1920

28. kat. sz. | cat. no. 28
Álló női akt, 1920
Rézkarc, papír; tükörméret: 197 × 145 mm
Jelezve jobbra lent: Lampérth, II-IX.1920; jelezve
balra lent: 1. Próbanyomat [a művész kézírásával]
Szépművészeti Múzeum – Magyar Nemzeti
Galéria, Budapest; ltsz. 1921-1254
Proveniencia: vétel a művésztől, 1921

Standing Female Nude, 1920
Etching on paper; image size: 197 × 145 mm
Inscribed bottom right: "Lampérth, II-IX.1920";
inscribed bottom left: "1. próbanyomat"
[in the artist's handwriting]
Museum of Fine Arts – Hungarian National
Gallery, Budapest; inv. no. 1921-1254
Provenance: purchased from the artist, 1921

29. kat. sz. | cat. no. 29
Női akt, 1920
Rézkarc, papír; tükörméret: 265 × 192 mm
Jelezve jobbra lent: Lampérth József 1920.
[a művész kézírásával]
Szépművészeti Múzeum – Magyar Nemzeti
Galéria, Budapest; ltsz. 1921-1255
Proveniencia: vétel a művésztől, 1921

Female Nude, 1920
Etching on paper; image size: 265 × 192 mm
Inscribed bottom right: "Lampérth József 1920."
[in the artist's handwriting]
Museum of Fine Arts – Hungarian National
Gallery, Budapest; inv. no. 1921-1255
Provenance: purchased from the artist, 1921

30. kat. sz. | cat. no. 30
*A tabáni Horgony utca részlete
(Házak a töltés mentén)*, 1922
Grafit, papír; lapméret: 363 × 508 mm
Jelezve jobbra fent: Nemes Lampérth József |
1922. július 21.
Szépművészeti Múzeum – Magyar Nemzeti
Galéria, Budapest; ltsz. F59.107
Proveniencia: vétel a művész öccsétől, 1958

*Detail of Horgony Street in Tabán
(Houses along the Embankment)*, 1922
Graphite on paper; sheet size: 363 × 508 mm
Inscribed top right: "Nemes Lampérth József |
922. július 21."
Museum of Fine Arts – Hungarian National
Gallery, Budapest; inv. no. F59.107
Provenance: purchased from the artist's
brother, 1958

31. kat. sz. | cat. no. 31
Az angyalföldi elmegyógyintézet, 1921–1922
Tus, papír; lapméret: 475 × 685 mm
Jelezve középen fent: Nemes Lampérth József
1921. IX. 1922. II. 8.
Szépművészeti Múzeum – Magyar Nemzeti
Galéria, Budapest; ltsz. F64.36
Proveniencia: vétel Lengyel Dezsőtől, 1964

The Angyalföld Psychiatric Hospital, 1921–1922
Indian ink on paper; sheet size: 475 × 685 mm
Inscribed top middle: "Nemes Lampérth József
1921. IX. 1922. II. 8."
Museum of Fine Arts – Hungarian National
Gallery, Budapest; inv. no. F64.36
Provenance: purchased from Dezső Lengyel, 1964

32. kat. sz. | cat. no. 32
Férfiarckép, 1922
Barna és fekete tus, papír; lapméret: 670 × 505 mm
Jelezve jobbra lent: Nemes Lampérth J. | 1922 II. 23.
Szépművészeti Múzeum – Magyar Nemzeti
Galéria, Budapest; ltsz. F64.18
Proveniencia: vétel Pátzay Páltól, 1964

Portrait of a Man, 1922
Brown and black ink on paper;
sheet size: 670 × 505 mm
Inscribed bottom right: "Nemes Lampérth J. |
1922 II. 23."
Museum of Fine Arts – Hungarian National
Gallery, Budapest; inv. no. F64.18
Provenance: Purchased from Pál Pátzay, 1964

**A dokumentumok jegyzéke |
List of Documents**

1. sz. dokumentum | document no. 1
Képeslap Dr. Pogány Kálmánnak,
Párizs, 1913. december 18.
Magyar Tudományos Akadémia (MTA) –
HUN-REN Bölcsészettudományi Kutatóközpont
Művészettörténeti Intézet, Adattár, Budapest;
ltsz. MKCS-C-I-103/52

Postcard to Dr Kálmán Pogány,
Paris, 18 December, 1913
Hungarian Academy of Sciences (HAS) –
HUN-REN Research Centre for the Humanities,
Institute of Art History, Archive, Budapest;
inv. no. MKCS-C-I-103/52

2. sz. dokumentum | document no. 2
Képeslap Wilde Jánosnak,
Kaposvár, 1914. szeptember 4.
Magyar Tudományos Akadémia (MTA) –
HUN-REN Bölcsészettudományi Kutatóközpont
Művészettörténeti Intézet, Adattár, Budapest;
ltsz. MKCS-C-I-77/1875

Postcard to János Wilde,
Kaposvár, 4 September, 1914
Hungarian Academy of Sciences (HAS) –
HUN-REN Research Centre for the Humanities,
Institute of Art History, Archive, Budapest;
inv. no. MKCS-C-I-77/1875

3. sz. dokumentum | document no. 3
Levél Wilde Jánosnak, Kaposvár, 1914. október 12.
Magyar Tudományos Akadémia (MTA) –
HUN-REN Bölcsészettudományi Kutatóközpont
Művészettörténeti Intézet, Adattár, Budapest;
ltsz. MKCS-C-I-77/1915

Letter to János Wilde, Kaposvár, 12 October, 1914
Hungarian Academy of Sciences (HAS) –
HUN-REN Research Centre for the Humanities,
Institute of Art History, Archive, Budapest;
inv. no. MKCS-C-I-77/1915

4. sz. dokumentum | document no. 4
Képeslap Wilde Jánosnak,
Budapest, 1917. december 20.
Magyar Tudományos Akadémia (MTA) –
HUN-REN Bölcsészettudományi Kutatóközpont
Művészettörténeti Intézet, Adattár, Budapest;
ltsz. MKCS-C-I-77/1869

Postcard to János Wilde,
Budapest, 20 December, 1917
Hungarian Academy of Sciences (HAS) –
HUN-REN Research Centre for the Humanities,
Institute of Art History, Archive, Budapest;
inv. no. MKCS-C-I-77/1869

5. sz. dokumentum | document no. 5
Képeslap Dr. Petrovics Eleknek,
Budapest, 1917. december 30.
Magyar Tudományos Akadémia (MTA) –
HUN-REN Bölcsészettudományi Kutatóközpont
Művészettörténeti Intézet, Adattár, Budapest;
ltsz. MKCS-C-I-169/164

Postcard to Dr Elek Petrovics,
Budapest, 30 December, 1917
Hungarian Academy of Sciences (HAS) –
HUN-REN Research Centre for the Humanities,
Institute of Art History, Archive, Budapest;
inv. no. MKCS-C-I-169/164

6. sz. dokumentum | document no. 6
Képeslap Dr. Hoffmann Edithnek,
Berlin, 1920. január 17.
Szépművészeti Múzeum – Közép-Európai
Művészettörténeti Kutatóintézet (KEMKI),
Budapest; ltsz. 1858/1925

Postcard to Dr Edith Hoffmann,
Berlin, 17 January, 1920
Museum of Fine Arts – Central European
Research Institute for Art History (KEMKI),
Budapest; inv. no. 1858/1925

7. sz. dokumentum | document no. 7
Levelezőlap Dr. Hoffmann Edithnek,
Berlin, 1920. május 8.
Szépművészeti Múzeum – Közép-Európai
Művészettörténeti Kutatóintézet (KEMKI),
Budapest; ltsz. 1864/1925

Postcard to Dr Edith Hoffmann,
Berlin, 8 May, 1920
Museum of Fine Arts – Central European
Research Institute for Art History (KEMKI),
Budapest; inv. no. 1864/1925

8. sz. dokumentum | document no. 8
Nemes Lampérth József, 1912 körül
Fekete-fehér archív fotó
Magyar Tudományos Akadémia (MTA) –
HUN-REN Bölcsészettudományi Kutatóközpont
Művészettörténeti Intézet, Adattár,
Budapest; ltsz. MKI-C-I-214/54. dosszié/1

József Nemes Lampérth, ca. 1912
Black and white archive photograph
Hungarian Academy of Sciences (HAS) –
HUN-REN Research Centre for the Humanities,
Institute of Art History, Archive,
Budapest; inv. no. MKI-C-I-214/dossier 54/1

9. sz. dokumentum | document no. 9
Nemes Lampérth József (balra)
és testvére, Lamperth Károly, é. n.
Fekete-fehér fotó
Magyar Tudományos Akadémia (MTA) –
HUN-REN Bölcsészettudományi Kutatóközpont
Művészettörténeti Intézet, Adattár,
Budapest; ltsz. MKI-C-I-214/54. dosszié/2

József Nemes Lampérth and his younger
brother, Károly Lamperth, n. d.
Black and white photograph
Hungarian Academy of Sciences (HAS) –
HUN-REN Research Centre for the Humanities,
Institute of Art History, Archive,
Budapest; inv. no. MKI-C-I-214/dossier 54/2

10. sz. dokumentum | document no. 10
Nemes Lampérth József édesapja,
Lampérth József, é. n.
Fekete-fehér archív fotó
Magyar Tudományos Akadémia (MTA) –
HUN-REN Bölcsészettudományi Kutatóközpont
Művészettörténeti Intézet, Adattár,
Budapest; ltsz. MKI-C-I-214/50. dosszié/1

József Lampérth, father of József Nemes
Lampérth, n. d.
Black and white archive photograph
Hungarian Academy of Sciences (HAS) –
HUN-REN Research Centre for the Humanities,
Institute of Art History, Archive,
Budapest; inv. no. MKI-C-I-214/dossier 50/1

11. sz. dokumentum | document no. 11
Nemes Lampérth József édesanyja, Tóth Lídia, é. n.
Fekete-fehér archív fotó
Magyar Tudományos Akadémia (MTA) –
HUN-REN Bölcsészettudományi Kutatóközpont
Művészettörténeti Intézet, Adattár,
Budapest; ltsz. MKI-C-I-214/50. dosszié/2

Lídia Tóth, mother of József Nemes Lampérth, n. d.
Black and white archive photograph
Hungarian Academy of Sciences (HAS) –
HUN-REN Research Centre for the Humanities,
Institute of Art History, Archive,
Budapest; inv. no. MKI-C-I-214/dossier 50/2

12. sz. dokumentum | document no. 12
Nemes Lampérth József szülei, é. n.
Fekete-fehér fotó
Magyar Tudományos Akadémia (MTA) –
HUN-REN Bölcsészettudományi Kutatóközpont
Művészettörténeti Intézet, Adattár,
Budapest; ltsz. MKI-C-I-214/50. dosszié/3

Parents of József Nemes Lampérth, n. d.
Black and white photograph
Hungarian Academy of Sciences (HAS) –
HUN-REN Research Centre for the Humanities,
Institute of Art History, Archive,
Budapest; inv. no. MKI-C-I-214/dossier 50/3

13. sz. dokumentum | document no. 13
Nemes Lampérth József (jobbra)
és Ferenczy Béni, 1910 körül
Fekete-fehér archív fotó
Magyar Tudományos Akadémia (MTA) –
HUN-REN Bölcsészettudományi Kutatóközpont
Művészettörténeti Intézet, Adattár,
Budapest; ltsz. MKI-C-I-214/54. dosszié/3

József Nemes Lampérth (right)
and Béni Ferenczy, ca. 1910
Black and white archive photograph
Hungarian Academy of Sciences (HAS) –
HUN-REN Research Centre for the Humanities,
Institute of Art History, Archive,
Budapest; inv. no. MKI-C-I-214/dossier 54/3

14. sz. dokumentum | document no. 14
Réti István: *A Nagybányai jubiláris képkiállítás
katalógusa*, 1912
Szépművészeti Múzeum – Magyar Nemzeti
Galéria Könyvtár, Budapest; ltsz. Baia Mare I/1.

István Réti, *The Catalogue of the Nagybánya
Jubilee Exhibition*, 1912
Museum of Fine Arts – Hungarian National
Gallery Library, Budapest; inv. no. Baia Mare I/1.

15. sz. dokumentum | document no. 15
Levél Dr. Majovszky Pálnak,
Párizs, 1914. március 4.
Szépművészeti Múzeum – Közép-Európai
Művészettörténeti Kutatóintézet (KEMKI)
Budapest; ltsz. 12492/59

Letter to Dr. Pál Majovszky, Paris, 4 March, 1914
Museum of Fine Arts – Central European
Research Institute for Art History (KEMKI),
Budapest; inv. no. 12492/59

16. sz. dokumentum | document no. 16
Nemes Lampérth József: *Pogány Kálmán
portréja*, 1914
Fénykép, Bertalan Vilmos felvétele, é. n.
Magyar Tudományos Akadémia (MTA) –
HUN-REN Bölcsészettudományi Kutatóközpont
Művészettörténeti Intézet, Adattár, Budapest;
ltsz. MKCs-C-I-103/167

József Nemes Lampérth, *Portrait of Kálmán
Pogány*, 1914
Photograph by Vilmos Bertalan, n. d.
Hungarian Academy of Sciences (HAS) –
HUN-REN Research Centre for the Humanities,
Institute of Art History, Archive, Budapest;
inv. no. MKCs-C-I-103/167

17. sz. dokumentum | document no. 17
Tábori levelezőlap Lyka Károlynak,
Częstochowa, 1914. december 26.
Magyar Tudományos Akadémia (MTA) –
HUN-REN Bölcsészettudományi Kutatóközpont
Művészettörténeti Intézet, Adattár, Budapest;
ltsz. MDK-C-I-17/818

Military postcard to Károly Lyka, Częstochowa,
26 December, 1914
Hungarian Academy of Sciences (HAS) –
HUN-REN Research Centre for the Humanities,
Institute of Art History, Archive, Budapest;
inv. no. MDK-C-I-17/818

18. sz. dokumentum | document no. 18
Tábori levelezőlap Dr. Meller Simonnak,
Sternberg, 1915. március 27.
Szépművészeti Múzeum – Közép-Európai
Művészettörténeti Kutatóintézet (KEMKI),
Budapest; ltsz. 1848/1925

Military postcard to Dr. Simon Meller, Sternberg,
27 March, 1915
Museum of Fine Arts – Central European
Research Institute for Art History (KEMKI),
Budapest; inv. no. 1848/1925

19. sz. dokumentum | document no. 19
Levelezőlap Wilde Jánosnak,
Kaposvár, 1915. április 12.
Magyar Tudományos Akadémia (MTA) –
HUN-REN Bölcsészettudományi Kutatóközpont
Művészettörténeti Intézet, Adattár, Budapest;
ltsz. MKCS-C-I-77/1906

Postcard to János Wilde, Kaposvár, 12 April, 1915
Hungarian Academy of Sciences (HAS) –
HUN-REN Research Centre for the Humanities,
Institute of Art History, Archive, Budapest;
inv. no. MKCS-C-I-77/1906

20. sz. dokumentum | document no. 20
Levelezőlap Dr. Meller Simonnak,
Kaposvár, 1915. május 8.
Szépművészeti Múzeum – Közép-Európai
Művészettörténeti Kutatóintézet (KEMKI),
Budapest; ltsz. 1849/1925

Postcard to Dr. Simon Meller,
Kaposvár, 8 May, 1915
Museum of Fine Arts – Central European
Research Institute for Art History (KEMKI),
Budapest; inv. no. 1849/1925

21. sz. dokumentum | document no. 21
Levél Wilde Jánosnak a galíciai frontról,
1915. július 26.
Magyar Tudományos Akadémia (MTA) –
HUN-REN Bölcsészettudományi Kutatóközpont
Művészettörténeti Intézet, Adattár, Budapest;
ltsz. MKCS-C-I-77/1910

Letter to János Wilde from the Galician front,
26 July, 1915
Hungarian Academy of Sciences (HAS) –
HUN-REN Research Centre for the Humanities,
Institute of Art History, Archive, Budapest;
inv. no. MKCS-C-I-77/1910

22. sz. dokumentum | document no. 22
Levél Wilde Jánosnak, Budapest, 1915. október 30.
Magyar Tudományos Akadémia (MTA) –
HUN-REN Bölcsészettudományi Kutatóközpont
Művészettörténeti Intézet, Adattár, Budapest;
ltsz. MKCS-C-I-77/1865

Letter to János Wilde, Budapest, 30 October, 1915
Hungarian Academy of Sciences (HAS) –
HUN-REN Research Centre for the Humanities,
Institute of Art History, Archive, Budapest;
inv. no. MKCS-C-I-77/1865

23. sz. dokumentum | document no. 23
Nemes Lampérth József katonaruhában,
Wilde Jánosnak ajánlva, 1916
Fényképreprodukció
Szépművészeti Múzeum – Közép-Európai
Művészettörténeti Kutatóintézet (KEMKI),
Budapest; ltsz. 18389/1970

József Nemes Lampérth in military uniform,
dedicated to János Wilde, 1916
Reproduced photograph
Museum of Fine Arts – Central European
Research Institute for Art History (KEMKI),
Budapest; inv. no. 18389/1970

24. sz. dokumentum | document no. 24
Levél Wilde Jánosnak, Budapest, 1916. február 16.
Magyar Tudományos Akadémia (MTA) –
HUN-REN Bölcsészettudományi Kutatóközpont
Művészettörténeti Intézet, Adattár, Budapest;
ltsz. MKCS-C-I-77/1913

Letter to János Wilde, Budapest, 16 February, 1916
Hungarian Academy of Sciences (HAS) –
HUN-REN Research Centre for the Humanities,
Institute of Art History, Archive, Budapest;
inv. no. MKCS-C-I-77/1913

25. sz. dokumentum | document no. 25
Levél Wilde Jánosnak, Budapest, 1917. június 23.
Magyar Tudományos Akadémia (MTA) –
HUN-REN Bölcsészettudományi Kutatóközpont
Művészettörténeti Intézet, Adattár, Budapest;
ltsz. MKCS-C-I-77/1864

Letter to János Wilde, Budapest, 23 June, 1917
Hungarian Academy of Sciences (HAS) –
HUN-REN Research Centre for the Humanities,
Institute of Art History, Archive, Budapest;
inv. no. MKCS-C-I-77/1864

26. sz. dokumentum | document no. 26
Meghívó a Nemzeti Szalon Csoportkiállítására,
1917. május 30.
Szépművészeti Múzeum – Közép-Európai
Művészettörténeti Kutatóintézet (KEMKI),
Budapest; ltsz. 17466/66

Invitation to the Group Exhibition of the National
Salon, 30 May, 1917
Museum of Fine Arts – Central European
Research Institute for Art History (KEMKI),
Budapest; inv. no. 17466/66

27. sz. dokumentum | document no. 27
A Nemzeti Szalon Csoportos kiállításának
katalógusa, 1917. június
Magyar Tudományos Akadémia (MTA) –
HUN-REN Bölcsészettudományi Kutatóközpont
Művészettörténeti Intézet, Könyvtár, Budapest;
ltsz. K-601

Catalogue of the Group Exhibition of the National
Salon, June, 1917
Hungarian Academy of Sciences (HAS) –
HUN-REN Research Centre for the Humanities,
Institute of Art History, Library, Budapest;
inv. no. K-601

28. sz. dokumentum | document no. 28
Levél Wilde Jánosnak,
Budapest, 1917. augusztus 20.
Magyar Tudományos Akadémia (MTA) –
HUN-REN Bölcsészettudományi Kutatóközpont
Művészettörténeti Intézet, Adattár, Budapest;
ltsz. MKCS-C-I-77/1922

Letter to János Wilde,
Budapest, 20 August, 1917
Hungarian Academy of Sciences (HAS) –
HUN-REN Research Centre for the Humanities,
Institute of Art History, Archive, Budapest;
inv. no. MKCS-C-I-77/1922

29. sz. dokumentum | document no. 29
Képeslap Dr. Hoffmann Edithnek,
Berlin, 1919. december 4.
Szépművészeti Múzeum – Közép-Európai
Művészettörténeti Kutatóintézet (KEMKI),
Budapest; ltsz. 1856/1925

Postcard to Dr. Edith Hoffmann,
Berlin, 4 December, 1919
Museum of Fine Arts – Central European
Research Institute for Art History (KEMKI),
Budapest; inv. no. 1856/1925

30. sz. dokumentum | document no. 30
Képeslap Dr. Hoffmann Edithnek,
Berlin, 1920. április 3.
Szépművészeti Múzeum – Közép-Európai
Művészettörténeti Kutatóintézet (KEMKI),
Budapest; ltsz. 1863/1925

Postcard to Dr. Edith Hoffmann,
Berlin, 3 April, 1920
Museum of Fine Arts – Central European
Research Institute for Art History (KEMKI),
Budapest; inv. no. 1863/1925

31. sz. dokumentum | document no. 31
Levél Dr. Hoffmann Edithnek,
Berlin, 1920. március 28.
Szépművészeti Múzeum – Közép-Európai
Művészettörténeti Kutatóintézet (KEMKI),
Budapest; ltsz. 1862/1925

Letter to Dr. Edith Hoffmann,
Berlin, 28 March, 1920
Museum of Fine Arts – Central European
Research Institute for Art History (KEMKI),
Budapest; inv. no. 1862/1925

32. sz. dokumentum | document no. 32
A Galerie Gurlitt kiállítási katalógusa,
Berlin, 1920. október
Szépművészeti Múzeum – Magyar Nemzeti
Galéria Könyvtár, Budapest; ltsz. Berlin 26/12

Exhibition catalogue of Galerie Gurlitt,
Berlin, October, 1920
Museum of Fine Arts – Hungarian National
Gallery Library, Budapest; inv. no. Berlin 26/12

33. sz. dokumentum | document no. 33
Levélke Dr. Hofmann Edithnek,
Budapest, 1922. április 8.
Szépművészeti Múzeum – Közép-Európai
Művészettörténeti Kutatóintézet (KEMKI),
Budapest; ltsz. 1877/1925

Brief letter to Dr. Edith Hoffmann,
Budapest, 8 April, 1922
Museum of Fine Arts – Central European
Research Institute for Art History (KEMKI),
Budapest; inv. no. 1877/1925

34. sz. dokumentum | document no. 34
Levél Dr. Hoffmann Edithnek,
Budapest, Lipótmezei Elmegyógyintézet,
1923. március 10.
Szépművészeti Múzeum – Közép-Európai
Művészettörténeti Kutatóintézet (KEMKI),
Budapest; ltsz. 1881/1925

Letter to Dr. Edith Hoffmann,
Budapest, Lipótmező Psychiatric Clinic,
10 March, 1923
Museum of Fine Arts – Central European
Research Institute for Art History (KEMKI),
Budapest; inv. no. 1881/1925

35. sz. dokumentum | document no. 35
Levél Walleshausen Zsigmondnak,
Sátoraljaújhely, 1924. május 11.
Szépművészeti Múzeum – Közép-Európai
Művészettörténeti Kutatóintézet (KEMKI),
Budapest; ltsz. 3483/937-2

Letter to Zsigmond Walleshausen,
Sátoraljaújhely, 11 May, 1924
Museum of Fine Arts – Central European
Research Institute for Art History (KEMKI),
Budapest; inv. no. 3483/937-2

36. sz. dokumentum | document no. 36
A Magyar Királyi Népjóléti és Munkaügyi
Minisztérium engedélye Nemes Lampérth József
Budapestre történő átszállításáról, 1924. május 2.
Szépművészeti Múzeum – Közép-Európai
Művészettörténeti Kutatóintézet (KEMKI),
Budapest; ltsz. 1882/1925

Permission of the Hungarian Royal Ministry
of Labour and Welfare to transfer József Nemes
Lampérth to Budapest, 2 May, 1924
Museum of Fine Arts – Central European
Research Institute for Art History (KEMKI),
Budapest; inv. no. 1882/1925

A szöveg közti illusztrációk jegyzéke |
List of illustrations

1. kép | fig. 1
Nemes Lampérth József, 1912 körül
Fekete-fehér archív fotó
Ismeretlen fotós
Magyar Tudományos Akadémia (MTA) –
HUN-REN Bölcsészettudományi Kutatóközpont
Művészettörténeti Intézet, Adattár, Budapest;
ltsz. MKI-C-I-214/54. dosszié/1

József Nemes Lampérth, ca. 1912
Black and white archive photograph
Unknown photographer
Hungarian Academy of Sciences (HAS) –
HUN-REN Research Centre for the Humanities,
Institute of Art History, Archive, Budapest;
inv. no. MKI-C-I-214/dossier 54/1

2. kép | fig. 2
Nemes Lampérth József (bal oldalon)
és Ferenczy Béni, 1910 körül
Fekete-fehér archív fotó
Ismeretlen fotós
Magyar Tudományos Akadémia (MTA) –
HUN-REN Bölcsészettudományi Kutatóközpont
Művészettörténeti Intézet, Adattár, Budapest;
ltsz. MKI-C-I-214/54. dosszié/3

József Nemes Lampérth (left)
and Béni Ferenczy, ca. 1910
Black and white archive photograph
Unknown photographer
Hungarian Academy of Sciences (HAS) –
HUN-REN Research Centre for the Humanities,
Institute of Art History, Archive, Budapest;
inv. no. MKI-C-I-214/dossier 54/3

3. kép | fig. 3
A Művészház Palotafelavató kiállításának
terme, 1913
Új Idők, 1913. február. 19. évf. 6. sz. 140.

The Hall of the Művészház Palace Inauguration
Exhibition, 1913
Új Idők, vol. 19, no. 6 (February 1913): 140

4. kép | fig. 4
Schickedanz Albert
A Szépművészeti Múzeum pályaterve, 1899
Akvarell, papír; 515 × 835 mm
Szépművészeti Múzeum, Budapest; ltsz. 1899-365

Albert Schickedanz
*Design for the Future Building of the Museum
of Fine Arts*, Budapest, 1899
Watercolour on paper; 515 × 835 mm
Museum of Fine Arts, Budapest; inv. no. 1899-365

5. kép | fig. 5
Ferenc József távozik a Szépművészeti Múzeum
megnyitása után, 1906. december 1.
Vasárnapi Újság, 1906. december 9. 803.

Franz Joseph I leaves after the opening ceremony
of the Museum of Fine Arts, 1 December 1906
Vasárnapi Újság, 9 December 1906, 803.

6. kép | fig. 6
Nemes Lampérth József köszönőlevele
a *Gáborvigh István arcképe* (15. kat. sz.)
után felvett fizetségért, 1914
Szépművészeti Múzeum Irattár,
Budapest; 1914/867

József Nemes Lampérth's letter of thanks
after accepting the payment for *Portrait
of István Gáborvigh* (cat. no. 15), 1914
Museum of Fine Arts, Archive,
Budapest; 1914/867

7. kép | fig. 7
Nemes Lampérth József
Pogány Kálmán portréja, 1914
Fénykép, Bertalan Vilmos felvétele, é. n.
Magyar Tudományos Akadémia (MTA) –
HUN-REN Bölcsészettudományi Kutatóközpont
Művészettörténeti Intézet, Adattár, Budapest;
ltsz. MKCs-C-I-103/167

József Nemes Lampérth
Portrait of Kálmán Pogány, 1914
Photo by Vilmos Bertalan, n. d.
Hungarian Academy of Sciences (HAS) –
HUN-REN Research Centre for the Humanities,
Institute of Art History, Archive, Budapest;
inv. no. MKCs-C-I-103/167

8. kép | fig. 8
Nemes Lampérth József katonaruhában, 1916
Ajánlás: Wilde barátomnak [Wilde János]
sok szeretettel. | 1916. IV. 10.
Amster József felvétele
Szépművészeti Múzeum – Közép-Európai
Művészettörténeti Kutatóintézet (KEMKI),
Archívum és Dokumentációs Központ (ADK),
Budapest; ltsz. 18389/1970

József Nemes Lampérth in military uniform, 1916
Dedication: Wilde barátomnak sok szeretettel
[to my friend János Wilde with lots of love] |
1916. IV. 10.
Photo by József Amster
Museum of Fine Arts – Central European
Research Institute for Art History (KEMKI),
Archive and Documentation Center (ADK),
Budapest: inv. no. 18389/1970

9. kép | fig. 9
A Czakó utca környéke az egykori Tabánban,
1900-as évek
Fővárosi Szabó Ervin Könyvtár – Budapest
Gyűjtemény, Budapest, jelzet: bibFOT00002409

The neighbourhood of Czakó street
in the now-demolished Tabán district, 1900s
Metropolitan Ervin Szabó Library – Budapest
Collection, Budapest, call no.: bibFOT00002409

10. kép | fig. 10
A Nemzeti Szalon Csoportos kiállításának
katalógusa, 1917. június
Magyar Tudományos Akadémia (MTA) –
HUN-REN Bölcsészettudományi Kutatóközpont
Művészettörténeti Intézet, Könyvtár, Budapest;
ltsz. K-601

Catalogue of National Salon's Group Exhibition,
June 1917
Hungarian Academy of Sciences (HAS) –
HUN-REN Research Centre for the Humanities,
Institute of Art History, Library, Budapest;
inv. no. K-601

11. kép | fig. 11
Nemes Lampérth József tusrajza a *MA* folyóirat
címlapján, 1916
MA, 1916. I. évf. 2. sz.

József Nemes Lampérth's India ink drawing
on the cover of the journal *MA*, 1916
MA vol. 1, no. 2 (1916)

12. kép | fig. 12
Nemes Lampérth József levele Petrovics Eleknek,
melyben *A ravatal* című festményét (6. kat. sz.)
örök letétül ajánlja a Szépművészeti Múzeumnak,
1918. december 31.
Szépművészeti Múzeum Irattár, Budapest; 1919/4

József Nemes Lampérth's letter to Elek Petrovics,
in which he offers his painting *The Catafalque*
as a permanent deposit to the Museum of Fine
Arts, 31 December, 1918
Museum of Fine Arts, Archive, Budapest; 1919/4

13. kép | fig. 13
A Vasárnapi Kör fényképes, Máté Olgának
dedikált levelezőlapja, 1917
(balról: Mannheim Károly, Fogarasi Béla,
Lorsy Ernő, Nemes Lampérth József,
Stephani Elza, Hamvassy Anna [dr. Schlamadinger
Jenőné], Hajós Edith, Balázs Béla)
Fekete-fehér eredeti pozitív
Magyar Nemzeti Múzeum Közgyűjteményi
Központ – Petőfi Irodalmi Múzeum, Budapest;
ltsz. F.1745.1–2
© Magyar Nemzeti Múzeum Közgyűjteményi
Központ – Petőfi Irodalmi Múzeum, Budapest

Postcard of the Vasárnapi Kör [Sunday Circle]
with photograph, dedicated to Olga Máté, 1917
(from left: Károly Mannheim, Béla Fogarasi, Ernő
Lorsy, József Nemes Lampérth, Elza Stephani,
Anna Hamvassy (Mrs Jenő Schlamadinger Dr),
Edith Hajós, Béla Balázs)
Original black and white positive film photograph
Hungarian National Museum Public Collection
Center – Petőfi Literary Museum, Budapest;
inv. nos. F.1745.1–2
© Hungarian National Museum Public Collection
Center – Petőfi Literary Museum, Budapest

14. kép | fig. 14
Dörre Tivadar
Gróf Andrássy Gyula budai palotája, 1890
Vasárnapi Újság Képes Folyóirat, 7. köt. 1890. 277.

Tivadar Dörre
The Buda palace of Count Gyula Andrássy, 1890
Vasárnapi Újság Képes Folyóirat vol. 7 (1890): 277

15. kép | fig. 15
Biró Mihály *1919. Május 1. (Kalapácsos ember)*
és Berény Róbert *Fegyverbe! Fegyverbe!* című
plakátja egy budapesti üzlet kirakatán, 1919
Fekete-fehér fénykép
Fortepan, képszám: 75866,
adományozó: Péchy László

Mihály Biró's poster *1 May 1919 (Man with
a Hammer)* and Róbert Berény's *To Arms!*
To Arms! in the window of a Budapest shop, 1919
Fortepan, no. 75866, donation by: László Péchy

16. kép | fig. 16
Nemes Lampérth József képeslapja Berlinből
Hoffmann Edithnek, 1919. december 4.
Szépművészeti Múzeum – Közép-Európai
Művészettörténeti Kutatóintézet (KEMKI),
Budapest; ltsz. 1856/1925

Postcard from József Nemes Lampérth
to Edith Hoffmann, Berlin, 4 December 1919.
Museum of Fine Arts – Central European
Research Institute for Art History (KEMKI),
Budapest; inv. no. 1856/1925

17. kép | fig. 17
*Kollektiv Ausstellung Walter Dexel, Ralf Voltmer,
Joseph Nemes Lampérth, László Moholy-Nagy.*
Galerie Fritz Gurlitt, Berlin, 1920. október
Szépművészeti Múzeum – Magyar Nemzeti
Galéria Könyvtár, Budapest; ltsz. Berlin 26/12

*Kollektiv Ausstellung Walter Dexel, Ralf Voltmer,
Joseph Nemes Lampérth, László Moholy-Nagy.*
Galerie Fritz Gurlitt, Berlin, October 1920
Museum of Fine Arts – Hungarian National
Gallery Library, Budapest; inv. no. Berlin 26/12

18. kép | fig. 18
Az Angyalföldi Elmegyógyintézet, 1904
Vasárnapi Újság, 1904. október 10. 748.

Angyalföld Psychiatric Clinic, 1904
Vasárnapi Újság, 1904. október 10. 748.

19. kép | fig. 19
Nemes Lampérth József lappangó grafikája
Selig Árpádról, az Angyalföldi Elmegyógyintézet
osztályvezető főorvosáról, 1921–1922
Az Est, 1934. október 6. 25. évf., 226. sz. 12.

József Nemes Lampérth's missing drawing
of Dr Árpád Selig, the Department Head
at the Angyalföld Psychiatric Clinic, 1921–1922
Az Est, 6 October 1934, 12.

20. kép | fig. 20
A Nemes Lampérth József Budapestre történő
áthelyezéséről szóló kérvénytervezet,
1924. február 22.
Szépművészeti Múzeum – Közép-Európai
Művészettörténeti Kutatóintézet (KEMKI),
Budapest; ltsz. 14207/61

Draft of the petition to have József Nemes
Lampérth transferred back to Budapest,
22 February, 1924
Museum of Fine Arts – Central European
Research Institute for Art History (KEMKI),
Budapest; inv. no. 14207/61

21. kép | fig. 21
A Magyar Királyi Népjóléti és Munkaügyi
Minisztérium engedélye Nemes Lampérth József
Budapestre történő átszállításáról, 1924. május 2.
Szépművészeti Múzeum – Közép-Európai
Művészettörténeti Kutatóintézet (KEMKI),
Budapest; ltsz. 1882/1925

Permission of the Hungarian Royal Ministry
of Welfare and Labour to have József Nemes
Lampérth transferred back to Budapest,
2 May, 1924
Museum of Fine Arts – Central European
Research Institute for Art History (KEMKI),
Budapest; inv. no. 1882/1925

22. kép | fig. 22
Nemes Lampérth József (balra) és testvére,
Lamperth Károly, é. n.
Fekete-fehér fotó
Magyar Tudományos Akadémia (MTA) –
HUN-REN Bölcsészettudományi Kutatóközpont
Művészettörténeti Intézet, Adattár, Budapest;
ltsz. MKI-C-I-214/54. dosszié/2

József Nemes Lampérth (left) and his younger
brother, Károly Lamperth, n. d.
Black and white photograph
Hungarian Academy of Sciences (HAS) –
HUN-REN Research Centre
for the Humanities, Institute of Art History,
Archive, Budapest;
inv. no. MKI-C-I-214/dossier 54/2

23. kép | fig. 23
A Képzőművészeti Főiskola első és másodéves
hallgatói, 1910
Képzőművészeti Főiskola évkönyve 1911–1912.
Budapest, 1912. 105.

First- and second-year students of the Academy
of Applied Arts, 1910
Képzőművészeti Főiskola évkönyve 1911–1912
[Yearbook of the Academy of Applied Arts]
(Budapest, 1912), 105.

24. kép | fig. 24
A Művészház Palotafelavató kiállításának
teremrészlete, Nemes Lampérth József *Önarckép*
című festményével (1. kat. sz.), 1913
Új Idők, 1913. február. 19. évf. 6. sz. 140.

Detail of the Művészház Palace Inauguration
Exhibition with József Nemes Lampérth's
Self-portrait (cat. no. 1), 1913
Új Idők vol. 19, no. 6 (February 1913): 140

25. kép | fig. 25
A Szépművészeti Múzeum, 1906. december 1.
Vasárnapi Újság, 1906. december 9.

The Museum of Fine Arts, 1 December 1906
Vasárnapi Újság, 9 December 1906

26. kép | fig. 26
Nemes Lampérth József
Álló női akt, 1913
Magyar Tudományos Akadémia (MTA) –
HUN-REN Bölcsészettudományi Kutatóközpont
Művészettörténeti Intézet, Adattár, Budapest;
ltsz. MKCS-C-I-66/31

József Nemes Lampérth
Standing Female Nude, 1913
Hungarian Academy of Sciences (HAS) –
HUN-REN Research Centre for the Humanities,
Institute of Art History, Archive, Budapest;
inv. no. MKCS-C-I-66/31

27. kép | fig. 27
Nemes Lampérth József hadnagyi
egyenruhában, 1916
Mezei Ottó: Nemes Lampérth József nyomában.
Limes 1992. 5. évf. 3. sz. 10.

József Nemes Lampérth in a lieutenant's
uniform, 1916
Ottó Mezei, "Nemes Lampérth József
nyomában." [In the steps of József Nemes
Lampérth] *Limes* vol. 5, no. 3 (1992): 10

28. kép | fig. 28
A Gellérthegy tabáni lejtője, 1895
Klösz György felvétele
Modern kontakt eredeti negatívról, pozitív,
zselatinos ezüst, monokróm
Fővárosi Szabó Ervin Könyvtár Budapest
Gyűjtemény, Budapest, ltsz. 000616

The Tabán Slope of Gellért Hill, 1895
György Klösz's photograph
Modern contact copy from original negative,
positive film, gelatine silver print, monochrome
Metropolitan Ervin Szabó Library – Budapest
Collection, Budapest, call no.: 000616

29. kép | fig. 29
A Nemzeti Szalon Erzsébet téri épületének
homlokzata, 1907
Vasárnapi Újság, 1907. március 17. 212.

The Erzsébet square facade of the National
Salon, 1907
Vasárnapi Újság, 17 March 1907, 212

30. kép | fig. 30
Nemes Lampérth József
Kassák Lajos portréja, 1917
MA, 1917. október

József Nemes Lampérth
Portrait of Lajos Kassák, 1917
MA (October 1917)

31. kép | fig. 31
Múzeumi munkástanfolyamokat hirdető Művészeti
és Múzeumi Direktórium által kiadott plakát, 1919
Magyar Nemzeti Múzeum Közgyűjteményi
Központ, Magyar Nemzeti Múzeum Történeti
Tár, Plakátgyűjtemény, Budapest; ltsz. 58.1666
© Magyar Nemzeti Múzeum Közgyűjteményi
Központ

Poster advertising workers' courses
in the museum, published by the Directorate
of Museums and Art, 1919
Hungarian National Museum Public Collection
Center, Hungarian National Museum Historical
Repository, Poster Collection, Budapest;
inv. no. 58.1666
© Hungarian National Museum Public
Collection Center

32. kép | fig. 32
Nemes Lampérth József berlini képeslapja
Hoffmann Edithnek, 1920
Szépművészeti Múzeum – Közép-Európai
Művészettörténeti Kutatóintézet (KEMKI),
Budapest; ltsz. 4754/1948

József Nemes Lampérth's postcard
to Edith Hoffmann from Berlin, 1920
Museum of Fine Arts – Central European
Research Institute for Art History (KEMKI),
Budapest; inv. no. 4754/1948

33. kép | fig. 33
Nemes Lampérth József *Ápolónő* című
lappangó grafikája, 1922
KUT folyóirat, szerk. Rózsa Miklós,
1926. december 31. 2.

József Nemes Lampérth's missing drawing
titled *Nurse*, 1922
KUT Journal, ed. Miklós Rózsa, 31 December 1926, 2

Muzeológusok | Museologists

34. o. | p. 34
Dr. Petrovics Elek, é. n.
Petrás István felvétele
Fekete-fehér archív fotó
Szépművészeti Múzeum, Könyvtár, Muzeális
Gyűjtemény/Fotógyűjtemény; ltsz. 213253

Dr Elek Petrovics, n.d.
Photograph of István Petrás
Black and white archive photograph
Museum of Fine Arts, Library, Museal
Collection/Photo Collection; inv. no. 213253

36. o. | p. 36
Dr. Hoffmann Edith, 1943 körül
Ismeretlen fotós
Fekete-fehér fotó
Magyar Nemzeti Múzeum Közgyűjteményi
Központ – Petőfi Irodalmi Múzeum, Budapest;
ltsz. F.18040
© Magyar Nemzeti Múzeum Közgyűjteményi
Központ – Petőfi Irodalmi Múzeum, Budapest

Dr Edith Hoffmann, ca. 1943
Unknown photographer
Black and white photograph
Hungarian National Museum Public Collection
Center – Petőfi Literary Museum, Budapest;
inv. no. F.18040
© Hungarian National Museum Public Collection
Center – Petőfi Literary Museum, Budapest

38. o. | p. 38
Dr. Pogány Kálmán, é. n.
Ismeretlen fotós
Fekete-fehér archív fotó
Magyar Tudományos Akadémia (MTA) –
HUN-REN Bölcsészettudományi Kutatóközpont
Művészettörténeti Intézet, Adattár, Budapest;
ltsz. MKCS-C-I-103/51

Dr Kálmán Pogány, n.d.
Unknown photographer
Black and white archive photograph
Hungarian Academy of Sciences (HAS) –
HUN-REN Research Centre for the Humanities,
Institute of Art History, Archive, Budapest;
inv. no. MKCS-C-I-103/51

40. o. | p. 40
Dr. Wilde János, 1920-as évek
Trude Geiringer, Dora Horovitz Stúdió
felvétele, Bécs
Fekete-fehér archív fotó
© Dr. Kahler Frigyes

Dr János Wilde, 1920s
Photograph of Trude Geiringer, Dora Horovitz
Studio, Vienna
Black and white archive photograph
© Dr Frigyes Kahler

Bibliográfia | Bibliography

A magyar Tanácsköztársaság képzőművészeti élete 1960
A magyar Tanácsköztársaság képzőművészeti élete. Budapest, 1960. (A Művészettörténeti Dokumentációs Központ forráskiadványai I.)

A magyar Tanácsköztársaság képzőművészeti élete. [Artistic life in the Hungarian Soviet Republic] A Művészettörténeti Dokumentációs Központ forráskiadványai I. [Source publication I of the Art History Documentation Centre] Budapest, 1960.

Bajkay 1974
Bajkay Éva: *Uitz Béla.* Gondolat, Budapest, 1974.

Bajkay, Éva. *Uitz Béla.* Budapest: Gondolat, 1974.

Bardoly 2015
Bardoly István: Adalékok Wilde János életéhez és tevékenységéhez (1918–1922). *Enigma*, 21. évf. 84. sz. 2015. 103–124.

Bardoly, István. "Adalékok Wilde János életéhez és tevékenységéhez (1918–1922)." [Additions concerning the life and work of János Wilde (1918–1922)] *Enigma* vol. 21, no. 84 (2015): 103–24.

Dent 2019
Bob Dent: *A vörös város. Politika és művészet az 1919-es Magyarországi Tanácsköztársaság idején.* Helikon, Budapest, 2019.

Dent, Bob. *Painting the Town Red. Politics and the Arts during the 1919 Hungarian Soviet Republic.* Pluto Press, 2018.

Gerelyes 1967
Gerelyes Ede: *A magyar múzeumügy a két forradalom időszakában (1918–1919).* Magánkiadás, Budapest, 1967.

Gerelyes, Ede. *A magyar múzeumügy a két forradalom időszakában (1918–1919).* [Hungarian museum affairs between the two periods of revolution (1918–1919)] Budapest: Privately published, 1967.

Horváth 1960
Horváth Béla: Nemes Lampérth József leveleiből. In: *Művészettörténeti tanulmányok. Művészettörténeti Dokumentációs Központ Évkönyve 1956-1958.* Budapest, 1960. 169–183.

Horváth, Béla. "Nemes Lampérth József leveleiből." [From the letters of József Nemes Lampérth]. In *Művészettörténeti tanulmányok. Művészettörténeti Dokumentációs Központ Évkönyve 1956–1958.* [Essays on Art History: Yearbook of the Art History Documentation Centre 1956–1958] 169–83. Budapest, 1960.

Kállai 1925
Kállai Ernő: *Új magyar piktúra.* Amicus Kiadó, Budapest, 1925.

Kállai, Ernő: *Új magyar piktúra.* [New Hungarian painting] Budapest: Amicus Kiadó, 1925.

Kálnoki-Gyöngyössy 2020
Kálnoki-Gyöngyössy Márton: Fordulat a magyar múzeumügyben: a múzeumok új irányítási rendszere (1918–1922). *Múzeum Café*, 14. évf. 2020. 75–76.

Kálnoki-Gyöngyössy, Márton. "Fordulat a magyar múzeumügyben: a múzeumok új irányítási rendszere (1918–1922)." [Turning point in Hungarian museum affairs: The new system of management of museums (1918–1922)] *Múzeum Café* vol. 14 (2020): 75–76.

Karádi–Vezér 1980
A Vasárnapi Kör. Szerk. Karádi Éva – Vezér Erzsébet. Gondolat Kiadó, Budapest, 1980.

A Vasárnapi Kör. [The Sunday Circle] Eds. Éva Karádi and Erzsébet Vezér. Budapest: Gondolat Kiadó, 1980.

Kmetty 1976
Kmetty János: *Festő voltam és vagyok.* Corvina, Budapest, 1976.

Kmetty, János. *Festő voltam és vagyok.* [I was and am a painter] Budapest: Corvina, 1976.

Mezei 1976
Mezei Ottó: Lapok Nemes Lampérth József életéből. *Vigilia*, XLI. évf. 11. sz. 1976. 759–766.

Mezei, Ottó. "Lapok Nemes Lampérth József életéből." [Notes on the life of József Nemes Lampérth] *Vigília* vol. XLI, no. 11 (1976): 759–66.

Mezei 1984
Mezei Ottó: *Nemes Lampérth József.* Corvina, Budapest, 1984.

Mezei, Ottó. *Nemes Lampérth József.* Budapest: Corvina, 1984.

Molnár 1967
Patakyné Molnár Zsuzsa: *Nemes Lampérth József.* Corvina, Budapest, 1967.

Patakyné Molnár, Zsuzsa. *Nemes Lampérth József.* Budapest: Corvina, 1967.

Nagybánya 1912
A nagybányai jubiláris képkiállítás illusztrált katalógusa. Összeáll. Börtsök Samu – Réti István. Nagybánya, 1912. 87–88.

A nagybányai jubiláris képkiállítás illusztrált katalógusa. [Illustrated catalogue of the Nagybánya jubilee exhibition] Comp. Samu Börtsök and István Réti. Nagybánya, 1912.

Pátzay 1924
Pátzay Pál: Lampérth József †. *Ars Una,* 1924. április 1. évf. 7. sz. 354–355.

Pátzay, Pál. "Lampérth József †." *Ars Una* no. 7 (1924): 354–55.

Pertorini–Szíj 1966
Dr. Pertorini Rezső – Szíj Béla: Adatok Nemes Lampérth József patográfiájához. *Pszichológiai tanulmányok,* 9. évf., 1966. 383–412.

Dr. Pertorini, Rezső and Béla Szíj. "Adatok Nemes Lampérth József patográfiájához." [Information concerning the pathography of József Nemes Lampérth] *Pszichológiai tanulmányok* 9 (1966): 383–412.

Réti 1954
Réti István: *A nagybányai Művésztelep.* Képzőművészeti Alap Kiadóvállalata, Budapest, 1954.

Réti, István: *A nagybányai Művésztelep.* [The Nagybánya Artists' Colony] Budapest: Képzőművészeti Alap Kiadóvállalata, 1954.

Szabó 1973
Szabó Júlia: Pogány Kálmán, tudománytörténetünk elfelejtett alakja. In: *Művészettörténet–tudománytörténet.* Főszerk. Aradi Nóra. Szerk. Tímár Árpád. Akadémiai Kiadó, Budapest, 1973. 203–215.

Szabó, Júlia. "Pogány Kálmán, tudománytörténetünk elfelejtett alakja." [Kálmán Pogány, a forgotten figure in the history of Hungarian scholarship] In *Művészettörténet-tudománytörténet,* 203–215. Editor-in-chief Nóra Aradi, ed. Árpád Tímár. Budapest: Akadémiai Kiadó, 1973.

SZM Évkönyvei 3. 1924
Az Országos Magyar Szépművészeti Múzeum Évkönyvei 3. 1921–1923. Szerk. Petrovics Elek. Budapest, 1924.

Az Országos Magyar Szépművészeti Múzeum Évkönyvei 3. 1921–1923. [Yearbooks of the National Hungarian Museum of Fine Arts 3, 1921–1923] Ed. Elek Petrovics. Budapest, 1924.

SZM Évkönyvei 4. 1927
Az Országos Magyar Szépművészeti Múzeum Évkönyvei 4. 1924–1926. Szerk. Petrovics Elek. Budapest, 1927.

Az Országos Magyar Szépművészeti Múzeum Évkönyvei 4. 1924–1926. [Yearbooks of the National Hungarian Museum of Fine Arts 4, 1924–1926] Ed. Elek Petrovics. Budapest, 1927.

**További szakirodalom |
Further Literature**

Bajkay Éva: *Nemes Lampérth József.* Kossuth Könyvkiadó – Magyar Nemzeti Galéria, Budapest, 2015.

Bajkay, Éva. *Nemes Lampérth József.* Budapest: Kossuth – Magyar Nemzeti Galéria, 2015.

Gelencsér Rothman Éva: *Nemes Lampérth József.* Gondolat, Budapest, 2017.

Gelencsér Rothman, Éva: *Nemes Lampérth József.* Budapest: Gondolat, 2017.

Mezei Ottó: Lapok Nemes Lampérth József életéből. *Művészettörténeti Értesítő,* 26. évf. 2. sz. 1977. 191–196.

Mezei, Ottó. "Lapok Nemes Lampérth József életéből." [Notes on the life of József Nemes Lampérth] *Művészettörténeti Értesítő* vol. 26, no. 2 (1977): 191–96.

Mezei Ottó: Nemes Lampérth József grafikai stílusa. *Művészettörténeti Értesítő,* 31. évf. 3. sz. 1982. 207–212.

Mezei, Ottó. "Nemes Lampérth József grafikai stílusa." [József Nemes Lampérth's graphic style] *Művészettörténeti Értesítő* vol. 31, no. 3 (1982): 207–12.

Mezei Ottó: Nemes Lamperth József nyomában. *Limes – Tudományos Szemle,* 5. évf. 3. sz. 1992. 5–36.

Mezei, Ottó. "Nemes Lamperth József nyomában." [In the steps of József Nemes Lampérth] *Limes – Tudományos szemle* vol. 5, no. 3 (1992): 5–36.

Szabó Júlia: A direktórium elnöke: Pogány Kálmán. *Kritika,* 8. évf. 3. sz. 1979. 19–20.

Szabó, Júlia. "A direktórium elnöke: Pogány Kálmán." [Kálmán Pogány: the chairman of the directorate] *Kritika* vol. 8, no. 3 (1979): 19–20.

A festő és a múzeum
Nemes Lampérth József (1891–1924) emlékkiállítás

The Painter and the Museum
Memorial exhibition of József Nemes Lampérth (1891–1924)

Szépművészeti Múzeum – Magyar Nemzeti Galéria, Budapest,
2024. november 21. – 2025. március 30.

Museum of Fine Arts – Hungarian National Gallery, Budapest
21 November 2024 – 30 March 2025

Katalógus | Catalogue

A Magyar Nemzeti Galéria kiadványai |
Publications of the Hungarian National Gallery, 2024/5.
Sorozatszerkesztő | Series editor: BORUS Judit

Szerkesztő | Editor of the catalogue: RÖDÖNYI Rita
Szerző | Author: RÖDÖNYI Rita
Szöveggondozás | Copy editors: BORUS Judit, KAPPANYOS Ilona,
RUTTKAY Helga, SZŰCS György
Fordítás | Translation: HIDEG Rachel
Kiadványterv és képfeldolgozás | Graphic design and image processing:
BALDER Eszter
Fotók | Reproductions: ÁMENT Gellért, BENEDEK Gábor, KISS Imre,
SOLTÉSZ Vince, SZABADI Flóra
Reprodukciós jogok | Reproduction rights: TÓTH Franciska
Kiadói koordináció | Editorial coordination: PATAKI Petra
Nyomdai munkálatok | Printing: Elektroproduct Nyomdaipari Kft.

© Szerző | Author: RÖDÖNYI Rita
© Képek | Reproductions:
© Szépművészeti Múzeum – Magyar Nemzeti Galéria |
Museum of Fine Arts – Hungarian National Gallery, Budapest
© Szépművészeti Múzeum – Közép-Európai Művészettörténeti Kutatóintézet
(KEMKI) | Museum of Fine Arts – Central European Research Institute
for Art History (KEMKI), Budapest
© Szépművészeti Múzeum, Irattár | Museum of Fine Arts, Archives, Budapest
© MNMKK – Magyar Nemzeti Múzeum | HMNPCC – Hungarian National
Museum, Budapest
© MTA – HUN REN Bölcsészettudományi Kutatóközpont Művészettörténeti
Intézet Adattára | HUN-REN Research Centre for the Humanities,
Institute of Art History, Archives, Budapest

© MTA – HUN REN Bölcsészettudományi Kutatóközpont Művészettörténeti
Intézet Könyvtára | HUN-REN Research Centre for the Humanities,
Institute of Art History, Budapest
© MNMKK – Petőfi Irodalmi Múzeum | HMNPCC – Petőfi Literary Museum,
Budapest
© Fővárosi Szabó Ervin Könyvtár, Budapest Gyűjtemény | Metropolitan Ervin
Szabó Library, Budapest Collection, Budapest
© Dr. Kahler Frigyes | Dr. Frigyes Kahler,
valamint a fotók jogtulajdonosai | and the owners of the photos.

ISBN 978-615-6595-68-3
ISSN 0231-2387
ISSN 0864-7291

Felelős kiadó | Published by: BAÁN László főigazgató | General Director
© Szépművészeti Múzeum – Magyar Nemzeti Galéria |
Museum of Fine Arts – Hungarian National Gallery, Budapest, 2024

Borító | Cover: *Önarckép | Self-Portrait*, 1911, olaj, vászon | oil on canvas,
75 × 60 cm, Szépművészeti Múzeum – Magyar Nemzeti Galéria | Museum
of Fine Arts – Hungarian National Gallery, Budapest, ltsz. | inv. no. 65.28T

Hátsó borító | Back cover: *Háttal álló női akt | Standing Female Nude
from the Back*, 1916, olaj, vászon | oil on canvas, 130.5 × 80 cm,
Szépművészeti Múzeum – Magyar Nemzeti Galéria | Museum of Fine Arts –
Hungarian National Gallery, Budapest, ltsz. | inv. no. 5509

A mellékelt képeslapon | Postcard: *A Gellérthegy lejtőjén | On the Slopes
of Gellért Hill*, 1917, olaj, vászon | oil on canvas, 76.5 × 101 cm,
Szépművészeti Múzeum – Magyar Nemzeti Galéria | Museum of Fine Arts –
Hungarian National Gallery, Budapest, ltsz. | inv. no. 5102

Kiállítás | Exhibition

Kurátor | Curator: RÖDÖNYI Rita
Kiállításszervezés | Exhibition manager: PATAKI Petra
Műtárgykölcsönzési feladatok | Registrar: SZÉCSI Beáta
**Installációtervezés és kiállításgrafika | Exhibition design and exhibition
graphic design:** DIÓSI Réka, MEGYERI Ágnes
Világítás | Lighting: NAGYPÁL Sándor, NIEDERKIRCHNER Norbert,
SÁNDOR Attila
Kiállítótéri szövegek | Exhibition texts: RÖDÖNYI Rita
Szöveggondozás | Copy editors: BORUS Judit, KAPPANYOS Ilona,
RUTTKAY Helga
Fordítás | Translation: HIDEG Rachel

Restaurálás és konzerválás | Conservation: Az Állományvédelmi
és Restaurálási Osztály munkatársai | Staff members of the Department
of Heritage Protection and Restoration
Jogi feladatok | Legal tasks: GALAMBOS Henriett, GIPPERT Adrienn,
MAROSI János, RENFER Ágnes
Reprodukciós jogok | Reproduction rights: TÓTH Franciska
Gazdasági feladatok | Financial tasks: CSER Enikő, ZALKA Szilvia
Biztonsági feladatok | Security: A Biztonsági Főosztály munkatársai |
Staff members of the Security Department
Kommunikáció és marketing | Communication and marketing:
BÁN Blanka, BESZTERCSÉNYI-NAGY Szonja, KOVÁCS Éva,
MIKLÓS Magdaléna
Kommunikációs arculatterv | Communication design: DIÓSI Réka,
MEGYERI Ágnes
Múzeumpedagógia | Museum education: BALI Bettina
Közönségszolgálat | Public relations: ACHA Diana, KUCSERA Panna,
RUZSITS Ágnes
Műtárgytechnikusok | Art handlers: BERTA Zsolt, BROZSEK Vilmos,
BUDAI Marcell, CZINE Attila, CSUTAK Attila, ERDMANN Áron,
FÜLÖP Ákos, GYENES Pál, HEFKÓ Márton, HIDASI P. Boldizsár,
JUHÁSZ Ernő, KECSKÉS Tamás, KISS Ádám Zsolt, KOVÁCS Benedek,
KRIVÁNYI Attila, LAKATOS Gyula, MACSKA Attila, MARTON Károly,
MENYHÁRT Norbert, MÉSZÁROS József, MORÓ Zoltán, PÁSZTOR Tamás,
ROSZOLY Gergő, SOBOTKA Csaba, SÓTI Ferenc, SZABÓ Kinga,
TÓTH Attila, TÓTH Ferenc, VÁSÁRHELYI NAGY László
Üzemeltetési feladatok | Technical team: ÁGOSTON Gábor,
AGÁRDI Gyöngyi, GECSEI József, GÓDOR István, HORVÁTH István,
HORVÁTH János, NAGY Balázs, RÓZSA Andreas, SZUTOR László,
TOKAI Ibolya, TÓTH Máté

**A Szépművészeti Múzeum – Magyar Nemzeti Galéria köszönetet mond
mindazoknak az intézményeknek, amelyek műtárgyaikat a kiállításra
kölcsönözték | The Museum of Fine Arts – Hungarian National Gallery
would like to express its thanks to the following institutions for lending
their artworks:**
MNMKK – Magyar Nemzeti Múzeum | HNMPCC – Hungarian National
Museum, Budapest
MTA – HUN-REN Bölcsészettudományi Kutatóközpont Művészettörténeti
Intézet Adattára | Archive of the HAS Research Centre for the Humanities,
Institute of Art History, Budapest
MTA – HUN-REN Bölcsészettudományi Kutatóközpont Művészettörténeti
Intézet Könyvtára | Library of the HAS Research Centre for the Humanities,
Institute of Art History, Budapest

Képek | Reproductions:
Szépművészeti Múzeum – Közép-Európai Művészettörténeti Kutatóintézet
(KEMKI) | Museum of Fine Arts – Central European Research Institute
for Art History (KEMKI), Budapest
MTA – HUN-REN Bölcsészettudományi Kutatóközpont Művészettörténeti
Intézet Adattára | HUN-REN Research Centre for the Humanities,
Institute of Art History, Archives, Budapest
MTA – HUN-REN Bölcsészettudományi Kutatóközpont Művészettörténeti
Intézet Könyvtára | Library of the HAS Research Centre for the Humanities,
Institute of Art History, Budapest
Fővárosi Szabó Ervin Könyvtár, Budapest Gyűjtemény | Metropolitan Ervin
Szabó Library, Budapest Collection, Budapest
MNMKK – Petőfi Irodalmi Múzeum | HMNPCC – Petőfi Literary Museum,
Budapest
Dr. Kahler Frigyes | Dr. Frigyes Kahler,
valamint a fotók jogtulajdonosai | and the owners of the photos.

**A kiállítás létrejöttéhez nyújtott segítségéért fogadja köszönetünket |
For their help in the realisation of this exhibition we owe special thanks to:**

BACSA Ildikó, BÜKI Barbara, CSANDÁNÉ SZEPESVÁRI Ildikó,
ERDŐSNÉ RÉTFALVI Orsolya, FÁBIÁN Blanka, FEHÉR Csongor,
GALÁCZ Judit, GULYÁS Borbála, HESSKY Orsolya, ILLÉS Eszter,
IRMES Ferenc Vendel, LOWACK Balázs, dr. KAHLER Ilona Márta,
KIS-TAMÁS Anna, dr. NAGY László Bálint, PÁLINKÁS Réka,
RADVÁNYI Orsolya, SZÜCS György,

továbbá a Szépművészeti Múzeum – Magyar Nemzeti Galéria minden
munkatársa, aki tanácsaival és segítségével hozzájárult a kiállítás
megvalósításához. | and the staff of the Museum of Fine Arts – Hungarian
National Gallery and the lending institutions, who contributed their
advice and help.

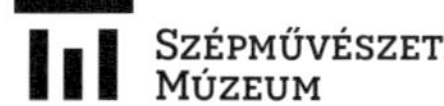
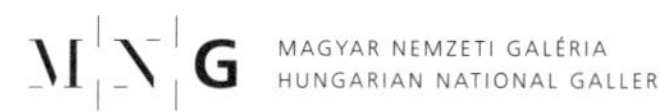

Az intézmény fenntartója | Maintainer of the institution:

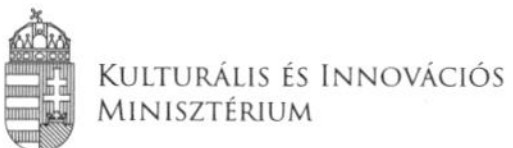

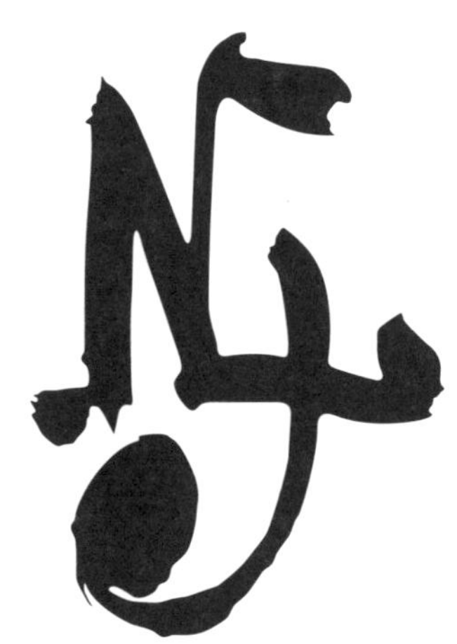